Kösel *Bernadette Nowak*

Reli

Unterrichtswerk für katholische Religionslehre
an Hauptschulen in den Klassen 5 – 9

Herausgegeben von
Prof. Dr. Georg Hilger und Prof. Dr. Elisabeth Reil

Reli 5
Erarbeitet von Dr. Matthias Bahr, Carina Auth, Christoph Ranzinger, Birgitta Weyers

Zugelassen durch die Lehrbuchkommission
der Deutschen Bischofskonferenz

ISBN 3-466-50631-X

unter Berücksichtigung der Rechtschreibreform,
sofern nicht urheberrechtliche oder lizenzrechtliche Bestimmungen dagegenstehen.

© 1998 by Kösel-Verlag GmbH & Co., München.
Printed in Germany.

Alle Rechte vorbehalten. Das Werk und seine Teile sind urheberrechtlich geschützt.
Jede Verwertung in anderen als den gesetzlich zugelassenen Fällen bedarf deshalb der
vorherigen schriftlichen Einwilligung des Verlags.

Satz: Kösel-Verlag, München.
Herstellung: Christian Dreyhaupt, Germering.
Druck und Bindung: Kösel, Kempten.
Illustration: Eva Amode, München.
Notensatz: Christa Pfletschinger, München.
Umschlagentwurf: Kaselow-Design, München.

Der Kösel-Verlag ist Mitglied im »Verlagsring Religionsunterricht« (VRU).

123456   03 02 01 00 99 98

Unterrichtswerk für katholische Religionslehre
an Hauptschulen in den Klassen 5 – 9

Herausgegeben von
Prof. Dr. Georg Hilger und Prof. Dr. Elisabeth Reil

Erarbeitet von
Dr. Matthias Bahr
Carina Auth
Christoph Ranzinger
Birgitta Weyers

Kösel

Inhaltsverzeichnis

1. Miteinander leben ... 7
Themenseite ... 8
Ideenseite ... 10
Ich – einmalig ... 12
1 + 1 = miteinander? ... 14
Wir – zusammen ... 16
Miteinander reden ... aber so! ... 18
Auge um Auge? ... 20

2. Mit Abraham auf dem Weg ... 21
Themenseite ... 22
Ideenseite ... 24
Abraham, zieh weg in das Land, das ich dir zeigen werde ... 26
Raff dich auf! Lass dich darauf ein! Mach dich auf! ... 28
Abraham und Sara sind gastfreundlich ... 30
Isaak opfern? ... 32
Die Geschichte Abrahams und Saras ... 34
Prototyp Abraham ... 36

3. Zeit für Stille – Zeit für Gott ... 37
Themenseite ... 38
Ideenseite ... 40
Die Eile unterbrechen ... 42
Beten im Alltag ... 44
Miteinander beten – ganz da sein ... 46
Die Heilige Nacht – eine Christuslegende ... 48
Feste Zeiten ... Festzeiten ... 50
Gebete ändern ... 52

Dem Weg Jesu auf der Spur **53**
Themenseite **54**
Ideenseite **56**
Wo Jesus lebte **58**
Jüdisches Leben **60**
Jesus und seine Botschaft: Wie Menschen darauf antworten .. **62**
Der Tod Jesu **64**
Hoffnung... .... **66**
Ostern vorbereiten und feiern **68**
Was die Leute sagen ... Was sagst du? **70**

Kirchen haben Geschichte(n) **71**
Themenseite **72**
Ideenseite **74**
Von alten und jungen Baumeistern **76**
Kirche leben **78**
Feiern und danken **80**
Bräuche in unserer Heimat **82**
Kirche gestalten **84**
Wozu ... und wie? **86**

Not hat viele Gesichter **87**
Themenseite **88**
Ideenseite **90**
Zuwendung hilft **92**
Eine Gemeinschaft **94**
Ein Glück, dass ich die Türe aufgemacht habe .. **96**
Gerechtigkeit? **98**
Was kann ich dafür ... tun? **100**

Projekt: Wir erkunden eine Kirche **101**
Projekt **102**

Lexikon **104**
Register der biblischen Zitate und der Stichworte **118**
Text- und Bildnachweis **119**

Liebe Schülerinnen, liebe Schüler,

in eurem Religionsbuch findet ihr Bilder, Lieder und Texte zum Nachdenken, Wissenswertes und viele Anregungen für den Unterricht. Das Buch will euch also nicht einfach fertiges Wissen vorlegen. Es will euch ermutigen, euren gemeinsamen Lernweg selbstständig zu suchen und will zu einem interessanten Religionsunterricht beitragen.

Damit ihr euch leicht zurechtfinden könnt, findet ihr hier eine Übersicht über den Aufbau der Kapitel:

Die **Titelseite** öffnet mit einem Bild gleichsam das Fenster zum Thema.

Die **Themenseite** will einen ersten Überblick geben über das, was im Kapitel entfaltet wird. Hier könnt ihr sehen, was zum Thema gehört.

Auf den **Ideenseiten** findet ihr viele Anregungen, wie ihr euren Lernweg gestalten könnt. Nicht alle lassen sich in jeder Klasse gleich gut verwirklichen. Prüft, welche Ideen euch beim Lernen weiterhelfen.

Auf mehreren **Deuteseiten** erfahrt ihr, welche Bedeutung das Thema für den Glauben hat oder was die Bibel dazu sagt und wie man in der Kirche früher und heute darüber gedacht hat. Sie zeigen auch, wie Menschen das Thema auf ihr Leben bezogen und gedeutet haben. Auf diesen Seiten begegnen euch auch Zeugnisse von Künstlern oder Schriftstellerinnen.

Die **Infoseiten** halten das fest, was interessant und wissenswert ist.

Die **Stellungnahmen** möchten euch dazu anregen, die verschiedenen Meinungen, Deutungen und Informationen zu vergleichen und zu überprüfen. Schließlich sollt ihr euch klar darüber werden, welchen Weg ihr gegangen seid, welche Einstellungen ihr gewonnen habt und welche Schlüsse ihr nun daraus für euch selbst ziehen wollt.

Im **Lexikon** hinten im Buch werden vor allem wichtige Begriffe erklärt. Aus Bildern und kurzen Texten erfahrt ihr interessante Hintergründe. Die Stichworte, die ihr im Lexikon finden könnt, sind in den Kapiteln durch ein Sternchen gekennzeichnet, z.B. Orgel*.

Eure Autorinnen und Autoren
Die Herausgeberin und der Herausgeber

Miteinander leben

1

Detektivspiel

Jeder kennt sie, Verbrecher fürchten sie: Fingerabdrücke sind eindeutige Beweise! Ihr braucht für dieses Spiel ein Stempelkissen und jede/r zwei Kärtchen, etwa in Passgröße. Nimm dir zwei kleine Kärtchen. Schreibe auf eine Karte deinen Namen, auf die andere einige Hinweise zu deiner Person, z.B. Größe, Hobbies... Wichtig ist, dass du mit Bleistift und in Druckschrift schreibst, damit man dich an deiner Schrift nicht sofort erkennt!
Stempele deinen Daumenabdruck auf beide Karten. Die Karte mit deinem Namen kannst du nun unterschreiben. Sie ist deine Ausweiskarte und bleibt zunächst bei dir. Sammelt die zweite Karte ein. Jede/r zieht sich nun aus dem Stapel eine Karte, aber nicht die eigene. Lies die Hinweise und suche die Person. Wenn du eine Vermutung hast, gehe zu dem betreffenden Schüler. Er zeigt dir wortlos seine Ausweiskarte. Vergleiche sorgfältig beide Fingerabdrücke.
Wenn beide gleich sind, darfst du den Ausweis behalten.
Nachdem alle ihre Aufgabe gelöst haben, stellt euren »Fang« der Klasse vor.

Eine Namenskerze basteln

Viele Leute wissen gar nicht, dass ihr Name* aus einer anderen Sprache kommt und eine bestimmte Bedeutung hat. Vielleicht gibt es in eurer Klasse ein Namenslexikon. Du kannst auch deine Eltern, deine Lehrerin oder deinen Lehrer dazu fragen!

Mit euren Namen könnt ihr eine große Klassenkerze gestalten: Besorgt euch eine möglichst große, weiße Kerze! Aus verschiedenfarbigen Wachsplatten kannst du mit kleinen Stückchen die einzelnen Buchstaben für deinen Namen formen und auf die Kerze aufdrücken.

Wenn es im Laufe des Schuljahres etwas zu feiern gibt, könnt ihr die Kerze anzünden und das Licht in eure Mitte stellen!

Einen »gut«-Brief bekommen

Schwarze Haare, blonde Haare: Wenn ihr einen anderen Menschen trefft, seht ihr zuerst nur ein paar äußere Dinge. Und doch gibt es noch mehr. Ihr könnt es zu zweit durch eine kleine Übung besonders gut erfahren. Schaut euch genau an: die Augen und ihre Farbe, die Haare, die Nase, den Mund, das Kinn und die Wangen...
Da gibt es Neues zu entdecken!
Schließt nun beide die Augen und versucht das Gesicht vor euch zu sehen. Was fällt euch zu diesem Menschen sonst noch ein? Was kann er oder sie besonders gut? Ist er besonders lustig, weiß sie viel? Wie schnell kann er laufen? Sammelt in Gedanken all das, was ihr gut findet!
Nun öffnet eure Augen wieder. Ihr könnt nun ein Blatt Papier nehmen und all das aufschreiben, was euch an guten Eigenschaften eingefallen ist:
Ich freue mich, dass du...
Schickt euch diesen Zettel in einem Briefumschlag zu!

Ein Balken zum Ärgern

Wenn ihr euch einmal so richtig übereinander geärgert habt – dann schreibt es auf! Nehmt einen Hammer und nagelt den Zettel an einen dicken Balken!
Wenn eure Zettel eine Woche hängen, dann zieht die Nägel heraus und nehmt die Zettel ab. Setzt euch zusammen und überlegt gemeinsam, wie es nun um euren Ärger steht.

Ein Stück von dir

Wenn ihr in ein Haus oder in ein Zimmer kommt, könnt ihr manches über die Person erfahren, die dort wohnt. Ein Hirschgeweih, das über der Wohnzimmertür hängt, lässt vermuten, dass jemand aus der Familie Jäger ist oder war.
Was können andere über dich erfahren, wenn sie dein Zimmer betreten? Male Gegenstände, die dir besonders wichtig sind!
Überlege, wovon du auch deiner Klasse gern erzählen möchtest.

Mit den Händen reden

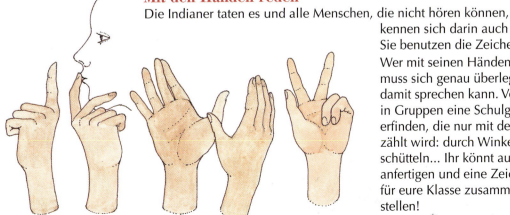

Die Indianer taten es und alle Menschen, die nicht hören können, kennen sich darin auch gut aus: Sie benutzen die Zeichensprache.
Wer mit seinen Händen reden will, der muss sich genau überlegen, wie man damit sprechen kann. Versucht einmal in Gruppen eine Schulgeschichte zu erfinden, die nur mit den Händen erzählt wird: durch Winken, Hände schütteln... Ihr könnt auch ein Plakat anfertigen und eine Zeichensprache für eure Klasse zusammenstellen!

Ich – einmalig

Im Inneren jeder Zelle befinden sich alle deine Erbanlagen.

Du hast mein Inneres geschaffen, mich gewoben im Schoß meiner Mutter. Ich danke dir, dass du mich so wunderbar gestaltet hast.

Ich weiß: Staunenswert sind deine Werke.

Als ich geformt wurde im Dunkeln, kunstvoll gewirkt in den Tiefen der Erde, waren meine Glieder dir nicht verborgen.

Deine Augen sahen, wie ich entstand, in deinem Buch war schon alles verzeichnet; meine Tage waren schon gebildet, als noch keiner von ihnen da war.

aus Psalm 139

Bald sollte ich ein Geschwisterchen bekommen. Das war eine Überraschung! Ich hätte so gerne gewusst, ob es ein Bub oder ein Mädchen werden würde...

Wochenlang wurden alle möglichen Vorbereitungen getroffen, um »unserem« Baby einen Platz in unserer Familie zu bereiten. Eines Tages fragte mich meine Mutter ganz nebenbei: »Na, wie soll es denn heißen, dein Brüderchen oder dein Schwesterchen?«

Wie ein Blitz fuhr es mir durch den Kopf: »Ja natürlich, es braucht ja einen Namen!«

In den folgenden Wochen war die Namenssuche das Thema Nummer eins bei uns zu Hause. Ich sammelte Namen: seltene, modische, kurze, klangvolle, berühmte... Plötzlich achtete ich auch auf die Namen anderer Personen! In unserer Nachbarschaft gibt es zum Beispiel einen, der heißt Pankratius, das hatte ich bis dahin gar nicht gewusst!

Jeder von uns schwärmte für einen anderen Namen. Und darum konnten wir uns auch nicht einigen, bis zum Schluss...

Dann musste meine Mutter schneller als vorgesehen zur Entbindung ins Krankenhaus. Es ging Schlag auf Schlag! Morgens ging ich ahnungslos zur Schule, mittags war das Baby schon da: Ich hatte eine Schwester bekommen!

»Ach, wie ist sie klein«, war das Erste, das ich herausbrachte, als ich sie das erste Mal sah!

»Sie hat immer noch keinen Namen«, meinte meine Mutter und schaute uns alle der Reihe nach an!

Da platzte es aus mir heraus: »Lucia!« Alle lachten.

So bekam meine Schwester ihren Namen.

Lucia heißt übrigens »Lichtbringerin«. Wir feiern ihren Namenstag am 13. Dezember.

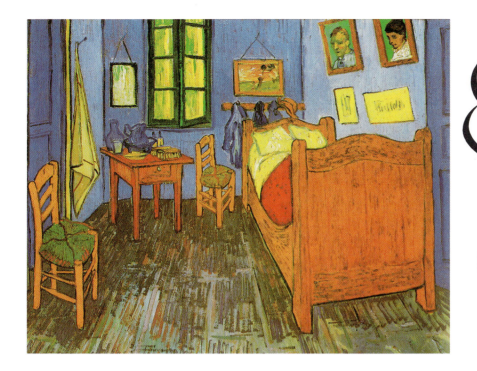

Mein Zimmer bedeutet mir sehr viel. Bisher musste ich es immer mit jemandem teilen. Vor einigen Wochen habe ich die alten Bilder abgehängt. Nun bin ich auf der Suche nach Postern.

Ich bin sehr gern in meinem Zimmer. Wenn jemand hereinkommen möchte, muss er vorher anklopfen!

Das ist Georg

Georg ist elf Jahre alt, blond und 1,54 m groß.

So viel ist sicher.

Aber was sagen die anderen?

Lehrer: »Georg ist fleißig und gewissenhaft.«

Mutter: »Er ist so still. Seine Schwester war in dem Alter viel lebhafter.«

Klassenkameraden: »Georg? Er ist ein großer Skateboardfahrer!«

Großmutter: »So frech wie Georg durften wir früher nicht sein.«

Pfarrer: »Als Ministrant muss er pünktlicher werden! Ich muss mich auf ihn verlassen können!«

Freund: »Georg ist eine richtige Leseratte. Was der alles weiß! Man kann sich stundenlang mit ihm unterhalten.«

Die Geschichte von Colombin

Am Hofe gab es starke Leute und gescheite Leute, der König war ein König, die Frauen waren schön und die Männer mutig, der Pfarrer war fromm und die Küchenmagd fleißig – nur Colombin, Colombin war nichts.

Wenn jemand sagte: »Komm, Colombin, kämpf mit mir«, sagte Colombin: »Ich bin schwächer als du.«

Wenn jemand sagte: »Wieviel gibt zwei mal sieben?«, sagte Colombin: »Ich bin dümmer als du.«

Wenn jemand sagte: »Getraust du dich, über den Bach zu springen?«, sagte Colombin: »Nein, ich getraue mich nicht.«

Und wenn der König fragte: »Colombin, was willst du werden?«, antwortete Colombin: »Ich will nichts werden, ich bin schon etwas, ich bin Colombin.«

1 + 1 = miteinander?

mögen - zusammen sein - hinterherlaufen - wegschicken - hüten - hassen - ärgern - verzweifeln - suchen - finden - wegschauen - verwünschen - drohen - drücken - freuen - lachen - spielen - kämpfen - schimpfen - weinen - loben - schützen - treten - jagen - verraten - teilen - erzählen - sich beklagen ...

Eine Schulgeschichte

Eine drehte sich um nach ihm, als alle anderen die Köpfe schon wieder über die Bücher beugten. Er nahm das den anderen nicht übel, er wusste, ein Neuer in der Klasse ist nicht so interessant, dass man ihn die ganze Stunde hindurch anstarren könnte, schließlich ging der Unterricht weiter, und er musste eben dasitzen und sich eingewöhnen.

Aber die eine im blauen Kleid sah immer wieder hin zu ihm, nicht neugierig, noch nicht einmal lächelnd. Das Profil, das sie ihm zeigte, manchmal auch noch ein bisschen Wangenfläche dazu, war ernst und aufmerksam, als habe sie über ihn nachzudenken. Das halbe Klassenzimmer lag zwischen ihnen und er konnte ihre Augenfarbe nicht erkennen. Braun, schätzte er, und ein paar Sommersprossen auf der Nase und das ganze Gesicht ein bisschen zu mager.

Die gehört nicht zu den Niedlichen, dachte er, die sich um einen Neuen kümmern, weil das so gut passt zu ihrer Niedlichkeit und weil sie dann noch einen haben, der sie nett findet. Die gehört vielleicht noch nicht mal zu den Netten. Eine Struppige ist das, überlegte er, eine, die kicken kann, fast wie ein Junge, und plötzlich wegläuft, wenn man glaubt, sie sei ein Kumpel.

Eine, die nicht mit Freundinnen kichert und tuschelt, sondern viel allein herumläuft, nicht spazieren geht, sondern eben herumläuft, und die allerhand kennt in der Stadt. Eine, von der man manches erfahren kann, aber nicht unbedingt das, was zählt. Es fiel ihm ein, dass er sich irren könnte, aber er glaubte es nicht. Ich werde ihr ein Zeichen geben, sagte er sich, und wenn sie reagiert, dann habe ich mich nicht geirrt. Dann ist sie eine, die ich mögen könnte, zumindest mögen.

Als sie sich wieder umsah, lächelte er. Da stand sie auf und brachte ihm ihr Buch. Fast unfreundlich legte sie es vor ihn auf den Tisch; er sah dabei, dass sie magere Finger hatte mit ganz kurzen Nägeln, das passte auch. »Danke, ich geb's dir nachher wieder«, sagte er schnell, bevor sie etwas sagen konnte. Sie nickte und ging zurück an ihren Platz. Alle beugten die Köpfe über die Bücher, er auch. Aber er gab Acht, dass er den Augenblick nicht verpasste, in dem sie sich noch einmal nach ihm umschaute und beinah lächelte.

Irmela Brender

Paul Gauguin, 1888, 93 x 73 cm

Wir – zusammen

Die kleine Schraube

Es gab einmal in einem riesigen Schiff eine ganz kleine Schraube, die mit vielen anderen ebenso kleinen Schrauben zwei große Stahlplatten miteinander verband. Diese kleine Schraube fing an, bei der Fahrt mitten im Indischen Ozean etwas lockerer zu werden und drohte herauszufallen. Da sagten die nächsten Schrauben zu ihr: »Wenn du herausfällst, dann gehen wir auch.« Und die Nägel unten am Schiffskörper sagten: »Uns wird es auch zu eng, wir lockern uns auch ein wenig.« Als die großen eisernen Rippen das hörten, da riefen sie: »Um Gottes willen bleibt; denn wenn ihr nicht mehr haltet, dann ist es um uns geschehen!« Und das Gerücht von dem Vorhaben der kleinen Schraube verbreitete sich blitzschnell durch den ganzen riesigen Körper des Schiffes. Er ächzte und erbebte in allen Fugen. Da beschlossen sämtliche Rippen und Platten und Schrauben und auch die kleinsten Nägel, eine gemeinsame Botschaft an die kleine Schraube zu senden, sie möge doch bleiben; denn sonst würde das ganze Schiff bersten und keine von ihnen die Heimat erreichen. Das schmeichelte dem Stolz der kleinen Schraube, dass ihr solche ungeheure Bedeutung beigemessen wurde, und sie ließ sagen, sie wolle sitzen bleiben.

Rudyard Kipling

Warum siehst du den Splitter im Auge deines Bruders, aber den Balken in deinem eigenen Auge bemerkst du nicht? Wie kannst du zu deinem Bruder sagen: Bruder, lass mich den Splitter aus deinem Auge herausziehen!, während du den Balken in deinem eigenen Auge nicht siehst? Du Heuchler! Zieh zuerst den Balken aus deinem Auge; dann kannst du versuchen, den Splitter aus dem Auge deines Bruders herauszuziehen.

Lukas 6, 41-42

Unruhestifter zurechtweisen, Kleinmütige trösten, sich der Schwachen annehmen, Gegner widerlegen, sich vor Nachstellern hüten, Ungebildete lehren, Träge wachrütteln, Händelsucher zurückhalten, Eingebildeten den rechten Platz zuweisen, Streitende besänftigen, Armen helfen, Unterdrückte befreien, Gute ermutigen, Böse ertragen und: ach, alle lieben.

Augustinus, Conf. IV, 8

M/T: Rolf Zuckowski

1. Starke Mädchen ha-ben nicht nur schö-ne Au-gen,
   Starke Jungs kön-nen nicht nur Mus-keln zei-gen,
   starke Mäd-chen haben Fan-ta-sie und Mut.
   starke Jungs, die zei-gen Köpfchen und Ge-fühl.
   Starke Mäd-chen wis-sen selbst, wo-zu sie tau-gen,
   Starke Jungs woll'n ih-re Mei-nung nicht ver-schweigen,
   starke Mäd-chen ken-nen ih-re Chan-cen gut.
   starke Jungs, die kom-men lächelnd an ihr Ziel.
   Starke Kin-der hal-ten felsen-fest zu-sammen. Pech und Schwefel, die sind gar nichts ge-gen sie.
   Starke Kin-der ha-ben Kraft um sich zu wehren und sie sehn dir frei und ehr-lich ins Ge-sicht
   Ih-ren Rücken las-sen sie sich nicht ver-bie-gen, star-ke Kinder, die zwingt kei-ner in die Knie.
   Star-ke Kinder wollen nur die Wahrheit hören
   und so leicht betrügt man starke Kinder nicht.

2. Starke Mädchen stehen fest auf ihren Beinen, starke Mädchen wollen alles ausprobier'n.
   Starke Mädchen sagen ehrlich, was sie meinen, starke Mädchen können siegen und verlier'n.
   Starke Jungs, die wollen alles selbst erleben, starke Jungs, die können auch mal Zweiter sein.
   Starke Jungs sind stark genug um nachzugeben, starke Jungs, die fall'n auf Sprüche nicht herein.
   Starke Kinder...

Wie oft entsteht zwischen Eltern und Kindern ein Streit! Doch am Ende weiß niemand, warum eigentlich gezankt wurde. Stellen wir uns das Bild einer Weiche vor: Eine kleine Bewegung, und der Zug fährt in eine ganz andere Richtung.
So ist es auch mit Gesprächen, natürlich nicht nur zwischen Eltern und Kindern, auch zwischen Lehrern und Schülern, zwischen Freundinnen und zwischen Freunden. Meist versteht man sich ganz gut, aber wenn das eine oder andere gedankenlos gesagt wird, kommt es schließlich zum Streit. Manchmal sagt beispielsweise die Mutter zu Peter, der vergessen hat, den Müll wegzutragen: »Auf dich ist gar kein Verlass« und »Du hörst mir ja nie zu!« Doch das stimmt nicht ganz, denn Peter trägt ja oft den Müll weg.

Miteinander reden...

Der Gemeinde in Jerusalem geht es schlecht!

Das Geld reicht nicht, die Menschen hungern, sie kommen allein nicht aus ihren Sorgen heraus.
  Da schickt der Apostel Paulus seine Briefe an Freunde und bittet darum, für Jerusalem Geld zu sammeln. Er schreibt auch einen Brief nach Griechenland, an die Menschen in Korinth:

Wenn nämlich der gute Wille da ist, dann ist jeder willkommen mit dem, was er hat, und man fragt nicht nach dem, was er nicht hat.
  Denn es geht nicht darum, dass ihr in Not geratet, indem ihr anderen helft; es geht um einen Ausgleich.
  Im Augenblick soll euer Überfluss ihrem Mangel abhelfen, damit auch ihr Überfluss einmal eurem Mangel abhilft.
  So soll ein Ausgleich entstehen, wie es in der Schrift heißt: Wer viel gesammelt hatte, hatte nicht zu viel, und wer wenig, hatte nicht zu wenig. 2 Kor 8,12-15

Wie wäre das: Wenn du mehr hast, als du eigentlich brauchst, dann gibst du davon dem anderen, der zu wenig hat zum Leben. Und wenn du selbst einmal Hilfe nötig hast, dann ist der andere auch für dich da...
  Der Apostel Paulus schreibt aber noch etwas anderes: Die Leute in Korinth sollen selber für sich auch etwas behalten. Denn es ist schön, wenn es auch ihnen gut geht und sie keinen Mangel leiden müssen!

◇ Wenn du diesen Brief in deinem Briefkasten finden würdest: Was würdest du dem Paulus zurückschreiben?
◇ Ihr könnt auch überlegen, wie es in eurer Klasse wäre, wenn ihr euch nach den Worten des Paulus richtet!

Oft sind es oft nur einige Worte oder kurze Sätze, die dazu führen, dass einem »der Kragen platzt«. Für Peter waren es die Worte »gar kein« und »nie«.
Achtet einmal auf eure Sprache. Dabei ist Detektivarbeit gefragt: Welche Worte oder kurzen Sätze wirken bei euch wie eine Weichenstellung zum Streit? Schreibe sie auf und sprich mit deinem Nachbarn darüber! Im Lexikon findet ihr dann unter dem Stichwort Gespräch* einige Beispiele dazu!
»Wie wäre es gewesen, wenn die Mutter gefragt hätte: Warum hast du denn heute den Müll nicht heruntergetragen?«...

Palavern:
Wie Afrikaner einen Streit beilegen...

Wer bei uns »palavert«, der steht in dem Ruf, nur sinnloses Geschwätz von sich zu geben. Palavern – das ist in Afrika jedoch ein guter Weg, um bei einem Streit wieder zusammenzukommen. Und das geht so:

1. *begrüßen*:
Die beiden, die im Streit miteinander sind, begrüßen sich dennoch. Sie geben sich zum Beispiel die Hände, sie legen ihre Jacke oder den Anorak ab und betreten die Wohnung...

2. *gastfreundlich sein*:
Jeder schenkt dem anderen eine Kleinigkeit. Der Gastgeber bietet einen Stuhl zum Sitzen an, er bringt etwas zu trinken... Der Gast selbst bringt eine Kleinigkeit mit: eine Frucht, ein kleines Bild... Die beiden erinnern sich gegenseitig daran, dass es einmal zwischen ihnen schön war.

3. *Fragen stellen:*
Jeder fragt den anderen danach, ob es den Freunden gut geht. Wichtig ist es, besonders nach den Menschen zu fragen, die beide gut kennen, denn das verbindet sie. Damit ist es möglich, alle Verletzungen und Beschimpfungen aus dem Gespräch fern zu halten.

4. *erzählen:*
Die beiden erzählen Geschichten davon, wie wichtig jedem ein gutes Miteinander ist. Dabei lassen sie sich Zeit und erzählen lebendig, mit vielen Bewegungen der Hände.

5. *hinhören:*
Wenn der eine spricht, dann hört der andere aufmerksam zu und umgekehrt. Die beiden zeigen einander: Wir sind beide gleich wichtig, wir sind Partner.

6. *eine Lösung finden:*
In diesen Geschichten und Gesprächen werden Lösungen überlegt. Dabei hilft ein anderer mit, der »nganga« (Heiler-Wahrsager). Er achtet darauf, wo bei einem Streitpunkt eine Lösung sein könnte und erklärt sie den beiden anderen. Man könnte es auch so nennen: »Er sagt die Wahrheit«. Er achtet auch darauf, dass beide mit Respekt behandelt werden und ihr »Gesicht wahren« können.

7. *lachen:*
Beschimpfungen und Vorwürfe nützen nichts, viel besser ist es, zwischendurch auch einmal zu lachen!

8. *sich verabschieden:*
Der Gastgeber verabschiedet seinen Gast, sie geben sich die Hände, wünschen sich alles Gute und begleiten sich zur Tür.

... aber so!

Auge um Auge?

So ein Wetter! Jan läuft zum Bahnhof. Dort wartet Franz. »Hast du die Aufgaben herausbekommen?« fragt er. Jan kramt das Heft heraus. Er hat ein neues Heft angefangen und seine Bücher eingebunden. »Mensch«, sagt Franz, »du willst dich wohl beliebt machen, was?« »Nee«, sagt Jan, »aber ich will meine Sachen jetzt in Ordnung halten. Meine Mutter hat mir dabei geholfen.«

»Der Zug kommt!« ruft Franz und läuft los. Jan will hinterher, da rempelt ihn einer an, dass er stolpert und fällt. »He!« schreit der andere, »renn mich nicht um, du Esel!« Es ist Fischel, sein Feind vom ersten Tag an. Jan sagt nichts. Er steigt ein.

Als sie bei der nächsten Station aussteigen, merkt Jan, dass jemand an seiner Schultasche hantiert. Das kann nur Fischel sein. Jan macht einen Satz nach vorn. »Fischel, ich warne dich. Lass das sein!« Fischel grinst. »Willst du was, du Flasche?«

Plötzlich hat er noch drei andere hinter sich. Jan will weitergehen, doch Fischel reißt die zweite Schnalle auf und lässt alles herausfallen. Da liegt das neue Heft im Matsch! Jan sammelt seine Sachen ein, und bei jedem Heft wächst seine Wut.

Er gibt Franz seine Sachen, geht auf Fischel zu und sagt: »Ich habe dich gewarnt.« »Halt doch deine Klappe«, sagt Fischel, und plötzlich zuckt seine Faust nach vorn, Jan vor die Brust. Aber nun geht Jan los. Er springt Fischel an und drückt ihm mit aller Kraft den Kopf nach unten gegen die Brust. Fischel will den Kopf frei haben. Da lässt Jan ihn plötzlich los. Fischel taumelt nach hinten, verliert das Gleichgewicht und sitzt im Matsch. Seine Freunde lachen ihn aus: »Jetzt rennst du den Rest des Tages mit einem nassen Hintern herum!«

In der Religionsstunde reden sie wieder von Jesus, Frau Neumann erzählt: Einmal hat er gesagt: *»Ihr habt gehört, dass gesagt worden ist: Auge für Auge, und Zahn für Zahn. Ich aber sage euch: Leistet dem, der euch etwas Böses antut, keinen Widerstand, sondern wenn dich jemand auf die rechte Wange schlägt, dem halt auch die andere hin.«* (Mt 5,38-39)

»Das geht überhaupt nicht«, sagt Franz. »Dann sind die Verbrecher ja im Vorteil«, meint Gabi. »Dann kann ja jeder machen, was er will.« »Ja, aber was passiert, wenn jeder zurückschlägt? Wenn jeder sagt: Was du getan hast, das kriegst du wieder?« fragt Frau Neumann.

»Das ist wie eine Spirale, das hört nie auf«, sagt Gerd. »Die kennt Fischel nicht«, denkt Jan.

Nach der fünften Stunde gehen sie zum Bahnhof. An der gleichen Stelle, wo sie sich morgens geprügelt hatten, spielen jetzt acht Jungen Fußball. Fischel ist dabei.

»Die haben was vor«, sagt Franz, »Komm, wir hauen ab.« »Dann haben wir morgen das gleiche Theater«, sagt Jan. »Aber ich haue ab«, sagt Franz. Und weg ist er.

»Da kommt er ja!« Der Größte unter den Jungen gibt einen Wink. Er ist der Boss. »Hab ich was gegen euch?« fragt Jan. »Nee, aber wir gegen dich«, sagen sie und ziehen ihm die Schultasche nach hinten. Die Riemen rutschen Jan in den Ellbogen. Das nutzt Fischel. Er schlägt Jan mit aller Kraft ins Gesicht. »Los, Fischel, gib's ihm«, sagt der Boss. Er nimmt Jan in den Schwitzkasten.

»Los, tritt ihm in den Hintern.« Fischel tritt dreimal zu. Mit aller Kraft! Der Boss lässt Jan los. Der heult vor Wut: »Wir sprechen uns noch. Aber dann allein!«

»Mach, dass du wegkommst«, schreit Fischel. Jan dreht sich blitzschnell um, feuert Fischel eine Ohrfeige ins Gesicht, dreht sich wieder um und ist weg. Als er die Treppe zum Bahnhof hochjagt, hörte er, wie der Zug einfährt. Jan springt in den ersten Wagen, beobachtet, wie Fischel aufspringt. Der Zug ist schon wieder in Bewegung. Die Bande bleibt zurück.

Als der Zug hält, ist Jan mit einem Satz heraus. Der leere Bahnsteig liegt vor ihm, auf beiden Seiten von Gleisen eingerahmt. Nur einer kommt langsam auf Jan zu: Fischel. Fünf Meter vor Jan bleibt er stehen. Beide haben rote Striemen auf der Backe.

Hans May

◇ Überlegt verschiedene Möglichkeiten, wie die Geschichte weitergehen könnte! Welche hältst du für die beste Lösung?

◇ Einigt euch auf Umgangsformen und schließt einen Klassenvertrag: »Wir übernehmen Verantwortung füreinander!«

Mit Abraham auf dem Weg

Eine Geschichte erzählen – oder spielen

Früher haben die Menschen am Abend um das Feuer herumgesessen und haben sich Geschichten erzählt. Das könnt ihr so ähnlich machen: Bildet Gruppen und lasst euch von eurer Lehrerin oder eurem Lehrer Abrahamsgeschichten geben.
Lest eure Geschichte zuerst durch. Überlegt dann gemeinsam: Könnt ihr sie zusammen in der Klasse nacherzählen? Oder ist es besser, die Geschichte mit verteilten Rollen vorzulesen oder sie zu spielen?
Wenn ihr mit den Vorbereitungen fertig seid, setzt euch wie in einem alten Theater im Halbkreis zusammen. Schreibt eine selbst ausgedachte Überschrift an die Tafel und besprecht mit eurer Lehrerin oder eurem Lehrer, in welcher Reihenfolge ihr eure Geschichte erzählen oder lesen wollt!

Diashow

Bildet mehrere Gruppen in der Klasse.
Jede Gruppe bekommt von eurer Lehrerin/eurem Lehrer einen Teil der Abrahamsgeschichten. Besprecht und plant miteinander, mit welchen Bildmotiven ihr eure Geschichte der Klasse vorstellen wollt.
Teilt die Arbeit unter euch auf.
Lasst euch geschwärzte Diarähmchen geben und kratzt mit einem Stift die Bilder in den Ruß. Sobald ihr damit fertig seid, wird der Raum verdunkelt. Jede Gruppe stellt nun mit ihren selbst gemalten Dias die Geschichte vor.

»Trau dich!«

Eine oder einer von euch stellt sich an einen freien Platz im Klassenzimmer. Sieben andere stellen sich in einem engen Kreis um sie oder ihn herum.
Der Schüler in der Mitte lässt sich nun – gerade wie ein Brett – fallen. Die im Kreis fangen ihn mit ihren Händen ab und schieben ihn zurück in die Ausgangsposition. Von dort aus lässt er sich in eine andere Richtung fallen, wird abgefangen, zurückgeschoben, fällt wieder...
Während der ganzen Übung soll der oder die in der Mitte möglichst die Füße an derselben Stelle lassen.
Wer traut sich mit verbundenen Augen?
Ihr könnt wechseln, bis alle in der Mitte waren.

Würdest du gehen?

Lies die Anzeige mit deinem Banknachbarn oder deiner Nachbarin genau durch!

Das ist doch ein gutes Angebot: Auf einer Trauminsel leben und dafür auch noch bezahlt werden!

Was findet ihr gut an dem Angebot? Was macht euch misstrauisch, was gefällt euch nicht so gut?

Diskutiert erst zu zweit, dann in der Klasse: Würdet ihr gehen? Welche Bedingungen müssten erfüllt sein, dass ihr mitgehen würdet?

Vergleicht mit Abrahams Aufbruch:

Worauf konnte er vertrauen?

Was wurde ihm versprochen?

Hat er gewusst, dass nichts schief gehen wird?

Ein Bild »lesen«!

Schneide in ein Blatt Papier ein Quadrat von 5 mal 5 Zentimetern.

Betrachte das Bild 33 !

Leg den Rahmen über das Bild und verschiebe ihn so, dass du nur die untere Hand Abrahams in dem Rahmen siehst! Lass ihn zwei Minuten liegen und schreibe in Stichworten auf, was dir zu dem Ausschnitt einfällt!

Verschiebe nun den Rahmen so, dass du nur die beiden oberen Hände in dem Ausschnitt siehst! Schau auch hier zwei Minuten hin und schreibe wieder auf, was dir durch den Kopf geht.

In welchen Situationen erleben Menschen so etwas?

Verschiebe den Rahmen ein drittes Mal, bis du das Gesicht Abrahams betrachten kannst! Was könnte ihm gerade durch den Kopf gehen? Schreibe diese Gedanken auf das Rahmenblatt. Zeichne um diesen Text eine Sprechblase.

Abraham, zieh weg

aus deinem Land,
wo du geboren bist,
wo du gespielt hast,
wo du dich verstecken konntest, ohne dass dich jemand finden konnte,
wo dein Hügel steht,
auf den du dich zurückgezogen hast, wenn du allein sein wolltest,
wo du jeden Strauch und jede Quelle kennst...

von deiner Verwandtschaft,
den Menschen, die dich beim Namen rufen,
die dich ungezählte Male umarmt haben,
die wissen um deine Stärken und Schwächen...

aus deinem Vaterhaus,
von deiner Mutter und deinem Vater, die dir alles beigebracht haben: das Laufen, die Muttersprache, das Streiten und Versöhnen, das Erzählen, das Verhandeln, das Fährtenlesen...

... Ich will dir Segen
Nachkommen zahlreich
am Himmel und

...schenken in Fülle und deine ... machen wie die Sterne ... den Sand am Meeresstrand.

Gen 22,17

in das Land, das ich dir zeigen werde.

Ein Land
mit Flüssen und Seen,
Wäldern mit vielen Tieren,
Feldern mit guter Ernte.
Ein Land,
in dem niemand hungern muss...

Ich werde dich zu einem großen Volk machen.

Ein Volk von Menschen,
die das Unrecht verachten,
die den Frieden suchen,
bei denen Fremde aufgenommen werden.
Ein Volk von Menschen, die teilen.

Ich werde deinen Namen groß machen.

Menschen denken gerne an dich:
an dein Lächeln,
an die Geschichten, die du erzählst,
an das, was du tust,
an deinen Namen.

Ein Segen sollst du sein.

Gen 12,1-2

Raff dich auf! – Lass dich

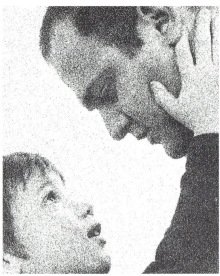

So – oder…

Es brennt!
Die kleine Monika steht am Fenster ihres Zimmers.
Es liegt im ersten Stock.
Vier Meter darunter steht der Vater und versucht sie zum Springen zu überreden. Aber Monika traut sich nicht.
»Ich kann dich gar nicht sehen!« ruft Monika.
»Hier ist so viel Rauch!«
»Aber du hörst mich doch,
du hörst doch meine Stimme! Komm, spring jetzt!«
Monika springt.
Erst dann, in den Armen des Vaters fängt sie an zu weinen.

… so?

Die kleine Monika steigt ganz vorsichtig die Leiter hinauf.
Erst ist sie stolz, dass sie sich endlich getraut hat.
Aber dann packt sie die Angst: Ihr Vater, der sichernd hinter ihr stand, ist einen Schritt zurückgegangen, streckt ihr seine Arme entgegen und ruft: »Spring!«
Monika traut sich erst nicht, aber als sie sich dann doch fallen lässt, zieht der Vater die Arme zurück und geht zur Seite. Monika knallt auf den Rasen. Sie weint.
Ihr Vater nimmt sie nun auf den Arm und sagt: »Jetzt weißt du, dass man niemandem im Leben trauen darf!«

◇ Denke dich in Monika hinein:
   Welche Erfahrungen hat sie in diesen Geschichten gemacht?
   Findet Überschriften für die beiden Geschichten!

darauf ein! – Mach dich auf!

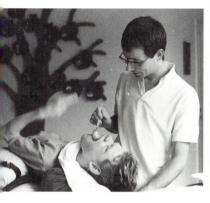

Der Herr ist mein Hirte,
nichts wird mir fehlen.
    Er lässt mich lagern auf grünen Auen
    und führt mich zum Ruheplatz am Wasser.
Er stillt mein Verlangen;
er leitet mich auf rechten Pfaden,
treu seinem Namen.
    Muss ich auch wandern in finsterer Schlucht,
    ich fürchte kein Unheil;
denn du bist bei mir,
dein Stock und dein Stab geben mir Zuversicht.
    Du deckst mir den Tisch vor den Augen meiner Feinde.
    Du salbst mein Haupt mit Öl,
    du füllst mir reichlich den Becher.
Lauter Güte und Huld werden mir folgen mein Leben lang,
und im Haus des Herrn darf ich wohnen für lange Zeit.

Psalm 23

◇ Suche dir zwei Zeilen des Psalmes aus, die dir besonders gut gefallen. Schreibe sie in Schmuckschrift in dein Heft und male einen schönen Rahmen darum herum.

Abraham und Sara kennen das:
Fremd sein, Ausländer.
Sie hatten ja selbst ihre Heimat verlassen.
So kennen sie das Gefühl von Unsicherheit und Angst.
Man versteht die Sprache nicht,
kennt niemanden.
Man hat kein Land, auf dem man sicher ist.
Man ist auf die Hilfe unbekannter
Menschen angewiesen:
Wo finden sie Weideplätze?
Wo finden sie Wasserstellen?
Wird man sie verjagen, berauben,
töten?
Abraham und Sara haben das nicht
vergessen.
Wenn sie Fremden begegnen...

Unter den Eiche[n]
Abraham und Sa[ra]

Der Herr erschien Abraham bei den Eichen von Mamre.
Abraham saß zur Zeit der Mittagshitze am Zelteingang. Er blickte auf und sah vor sich drei Männer stehen. Als er sie sah, lief er ihnen vom Zelteingang aus entgegen, warf sich zur Erde nieder und sagte: Mein Herr, wenn ich dein Wohlwollen gefunden habe, geh doch an deinem Knecht nicht vorbei! Man wird etwas Wasser holen; dann könnt ihr euch die Füße waschen und euch unter dem Baum ausruhen. Ich will einen Bissen Brot holen, und ihr könnt dann nach einer kleinen Stärkung weitergehen; denn deshalb seid ihr doch bei eurem Knecht vorbeigekommen. Sie erwiderten: Tu, wie du gesagt hast. Da lief Abraham eiligst ins Zelt zu Sara und rief: Schnell drei Sea feines Mehl! Rühr es an und backe Brotfladen! Er lief weiter zum Vieh, nahm ein zartes, prächtiges Kalb und übergab es dem Jungknecht, der es schnell zubereitete. Dann nahm Abraham Butter, Milch und das Kalb, das er hatte zubereiten lassen, und setzte es ihnen vor. Er wartete ihnen unter dem Baum auf, während sie aßen.

Gen 18,1-8

...on Mamre:
...nd gastfreundlich

Sie saß am Fenster und schaute auf die Straße. Oft saß sie da und wartete. Aber auf was? Sie wusste es nicht. Ihr Mann war im Krieg geblieben. Die Kinder waren weg. Sie wusste mit ihrem Leben nichts mehr anzufangen. Sie sah keinen Sinn mehr. Hungern musste sie nicht wie die andern. Seit Wochen gab es keinen Zucker. Die Brotrationen waren zu klein, um satt werden zu können.

Aber ihr Sohn hatte in einen Bauernhof eingeheiratet. Er versorgte sie mit Mehl, Fett und Eiern. Sie hatte auch Kuchen gebacken zum Fest. Aber sie mochte ihn nicht anrühren. Nichts freute sie mehr. Sie saß da und schaute; ihr Herz aber war leer und traurig. Da kamen Leute vorüber. Waren das nicht die neuen Flüchtlinge? Mein Gott, wie mager die Kinder sind, dachte sie. Der Hunger schaut ihnen aus den Augen. Ob die sich heute schon haben satt essen können?

Da gab sie sich plötzlich einen Ruck. Sie stand auf, ging zur Haustür und rief: »Hallo! Sind Sie die Familie, die erst kürzlich in unseren Ort gekommen ist? Darf ich Sie zum Kaffee einladen?« Die Fremden blieben erstaunt stehen. Aber dann sagte die junge Mutter: »Sehr gern. Wir wissen gar nicht, wie wir dazu kommen!«

Bald war der ganze Kuchen gegessen. Die Kinder strahlten. So etwas hatten sie lange nicht gehabt. Als die Fremden gegangen waren, setzte sich die Frau nicht wieder ans Fenster. Sie freute sich schon auf den nächsten Tag. Sie lief von Schrank zu Schrank und schaute nach, womit sie den Fremden noch helfen könnte.

Gott hat sein Wort gegeben: Sara und Abraham sollen ein Kind haben.
Aber sie werden älter und älter.

Sie können gar nicht mehr daran glauben. Als sie an das Versprechen erinnert werden, lachen beide. *(Gen 17,17 und Gen 18,12)*

Sie hatten sich damit abgefunden, kein eigenes Kind zu haben.

Hat Gott sein Versprechen nicht gehalten?

Aber Gott steht zu seinem Wort. Sara und Abraham bekommen einen Sohn. Sie nennen ihn Isaak, was so viel heißt wie »Gott lacht«.

Und nun können beide ganz anders lachen: vor Glück, denn sie haben ihren Isaak sehr gern!

Isaak opfern?

*Gott sprach:
Nimm deinen Sohn,
deinen einzigen,
den du liebst,
Isaak,...
und bring ihn...
als Brandopfer dar.*
Gen 22,2

*Ich würde das nie so wie Abraham machen! Dazu hab ich meine Familie viel zu gern.
Franz, 11 Jahre*

Die Erzählung von Abrahams Vertrauen ist schwer zu verstehen.
Eigentlich ist es bewundernswert, dass Abraham bereit ist, wirklich alles für Gott zu geben.
Aber was ist das für ein Gott, der von einem Vater so etwas verlangt?
Was ist das für ein Vater, der so etwas tut?

Die Geschichte sagt uns aber auch etwas anderes:

Zur Zeit Abrahams lebten in Palästina andere Völker, denen vorgeworfen wurde, Kinder zu opfern, um ihre Götter gnädig zu stimmen.
So erzählt die Geschichte, wie Abraham lernt, dass sein Gott keine Menschenopfer will (vgl. Gen 22,9-14).

Und »Kinderopfer« gibt es doch auch heute noch: Denk an Krieg, Kinderarbeit, Kinder, die vernachlässigt werden, Kinder, die geschlagen werden, oder einfach Kinder, für die niemand Zeit hat.

Könnte es nicht auch so sein: Isaak wurde schwer krank. Abraham will es erst nicht wahrhaben, dass sein geliebter Sohn vielleicht sterben wird. Aber er muss so ein Unglück aushalten und darf sein Vertrauen in Gott nicht verlieren.

*Solche tragischen Schicksale gibt es auch heute: Eltern verlieren ihre Kinder durch einen Verkehrsunfall, durch ein brutales Verbrechen, durch eine schwere Krankheit.
Wie können Eltern so etwas aushalten, ohne bitter zu werden?*

Rembrandt van Rijn, 1635, 195 × 133 cm

Die Geschichte Abrahams und Saras

Sagenhaft: Abraham und Sara

◆ **Wie entstanden diese Geschichten?**

Es gab keinen Reporter, der Abraham und Sara begleitet hatte. Aber man erzählte sich immer wieder von ihnen: Geschichten von vergangenen Zeiten und Erinnerungen an die Verheißungen, die Gott Abraham und Sara, Isaak und Jakob und seinen Söhnen gegeben hatte. »So hatte es mit unserem Volk angefangen: Wir können dem Gott Abrahams und Saras trauen, dass er seine Versprechen hält.«

Deshalb wurden die Geschichten von Generation zu Generation weitererzählt und dabei auch immer wieder etwas verändert.

◆ **Wer hat die Geschichten aufgeschrieben?**

Schließlich haben einige die Geschichten aufgeschrieben, damit sie ja nicht vergessen würden. Es gab ja so viel zu erzählen und zu behalten von Abraham, Sara, von Isaak und seinen Söhnen.

Und jetzt wird's kompliziert:
– Hunderte Jahre später hat man diese Geschichten (»Erzählkreise«) zu einem einzigen zusammenhängenden großen Geschichtsbuch zusammengestellt.
– Wieder Jahrhunderte später, in der babylonischen Gefangenschaft*, haben Schreiber, die wohl zu den »Priestern« gehörten, die Geschichten neu erzählt und weitere hinzugefügt.
– Zurück aus der babylonischen Gefangenschaft hat man dann all diese verschiedenen Schriften zusammengefügt.
Sie sind wie die Fäden eines Teppichs eng miteinander verwoben. So kennen wir sie heute.

◆ **Warum sind die Geschichten für uns wichtig?**

Es ist also nicht ganz klar, ob sich die Geschichten von Abraham und Sara ganz genau so abgespielt haben, wie wir sie jetzt in der Bibel lesen.

Trotzdem sind sie »wahr«, enthalten wichtige Wahrheiten von Gott und Erfahrungen, die das Volk Israel mit Gott gemacht hat: z.B. »Unser Gott ist ein Gott, der da ist für uns. Er vergisst uns nicht, wir können uns auf ihn verlassen. Er hält zu uns!« Und das bleibt wahr.

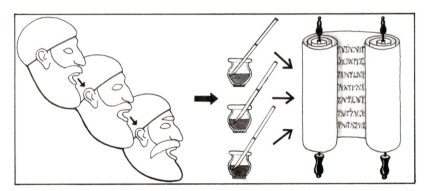

Mündliche Überlieferungen wurden von verschiedenen Menschen aufgeschrieben und zu einer Schrift zusammengefasst.

Unvorstellbar: Kinder opfern?

Kinderopfer warf man den Nachbarvölkern Israels vor.
Aber es gab anscheinend auch beim Volk Israel in Notsituationen Kinderopfer.
So beklagt sich Gott über die Israeliten:

> *Sie errichteten die Kulthöhe des Baal im Tal Ben-Hinnom, um ihre Söhne und Töchter für den Moloch durchs Feuer gehen zu lassen. Das habe ich ihnen nie befohlen, und niemals ist mir in den Sinn gekommen, solchen Gräuel zu verlangen und Juda in Sünde zu stürzen.*
>
> Jer 32,35

»Kinder durchs Feuer gehen lassen« ist dabei die Umschreibung für Kinderopfer. An mehreren Stellen im Alten Testament wird deutlich gemacht, dass Gott dies ablehnt.

Nomaden

Was wir von Abraham und Sara lesen, wird verständlicher, wenn wir uns in das Leben von Nomaden in der damaligen Zeit hineinversetzen.

Nomaden wohnen mit ihrer Großfamilie, der Sippe, in Zelten. Sie bevölkern die Wüstenrandgebiete und das Bergland. Sie betreiben Viehzucht und auch Ackerbau (vgl. Gen 26,12 f.). Im regnerischen Winter finden sie genügend Nahrung für ihre Tiere vor. Wenn die Steppen im Sommer völlig vertrocknet sind, ziehen sie mit ihren Ziegen, Schafen, Rindern, Eseln und Kamelen (vgl. Gen 12,16) nach der Ernte auf die Felder. Die verbliebenen Pflanzenreste reichen den genügsamen Tieren. Der Mist ist wertvoller Dünger für den Boden. Auch zur Zeit Abrahams kam es zu Auseinandersetzungen zwischen Nomadensippen um gute Wasserplätze und fruchtbares Land.

Abraham war Oberhaupt seiner Sippe, die öfter neues Land suchen musste. Als Oberhaupt der Großfamilie war er auch so etwas wie Richter und hatte bei Streitigkeiten zu entscheiden, und ein Priester, der die Gebete und Gottesdienste seiner Sippe leitete.

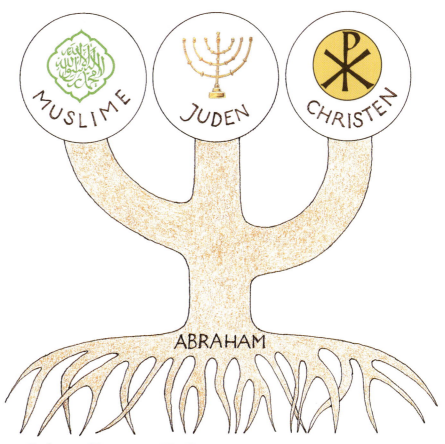

Juden – Christen – Muslime: alle sind »Kinder Abrahams«

Weil Sara lange Zeit kinderlos blieb, zeugten Abraham und Hagar, die Dienerin von Sara, einen Sohn, Ismael. Als Sara doch noch Isaak zur Welt brachte, verlangte sie von Abraham, dass er Hagar und Ismael in die Wüste schickte.

Gott sorgte in der Wüste für Hagar und Ismael.

Ismael wurde später auch Stammvater eines großen Volkes, der »Ismaeliten«.

Auf Ismael und seine Nachkommen berufen sich heute die Muslime. Im Koran, der heiligen Schrift des Islam, wird Abraham »Ibrahim« genannt.

Als Abraham starb, trugen Ismael und Isaak ihren Vater Abraham gemeinsam zu Grabe.

Das Grab Abrahams in Hebron ist daher heute heilige Stätte für Juden, Christen und Muslime.

In der Geschichte haben sich Juden, Christen und Muslime viel Leid zugefügt. Dabei sind doch alle »Kinder Abrahams« und eigentlich Geschwister im Glauben, weil sie auf denselben Gott vertrauen. Das muss immer wieder neu gelernt werden.

Tanja kommt von der Schule heim. Sie springt über das geschlossene Gartentor. Von ihrem Hund wird sie stürmisch begrüßt, ruft übermütig »hallo!« in das Haus und rennt, ohne die Antwort abzuwarten, in ihr Zimmer. Vor dem Mittagessen beginnt sie noch schnell mit den Hausaufgaben, denn am Nachmittag will sie mit ihren Freunden Schlittschuh laufen.

Später, beim Mittagessen schaut sie in die ernsten Gesichter ihrer Eltern.

»Tanja«, beginnt der Vater, »wir müssen miteinander reden.« Dann fällt es ihm schwer weiterzusprechen.

»Vaters Firma macht ihre Niederlassung in unserer Stadt zu«, beginnt dann die Mutter. »Papa kann seine Arbeit nur behalten, wenn er nach Berlin geht, zum Hauptsitz der Firma. Wir müssen wohl nach Berlin umziehen.«

»Wenn ich nicht gehe, werde ich arbeitslos«, erklärt der Vater. »Es gibt für mich kaum Jobs in unserer Stadt. Das haben die mir am Arbeitsamt heute auch bestätigt.«

Tanja erschrickt...

prototyp abraham

vorgelockt
angezogen
ausgezogen
verwegene wege gewagt
vor allem
vor allen
macht er es vor
die nächste, bitte

Wolfgang Baur

Ivan Steiger

◇ Die Zeilen des Gedichtes »prototyp abraham« werden unter euch verteilt. Ihr könnt mit eurer Zeile einen neuen Satz schreiben, der zu Abraham passt (z.B. vorgelockt – hinter dem warmen Ofen...).
Lest dann das Gedicht reihum: jeder seinen Satz.

◇ Welch ein »...-Mensch« möchtest du sein?
Schreibe diesen Abschnitt in dein Heft und ergänze ihn mit deinen Gedanken.

Ein »Verheißungs-Mensch« sein.
Einer, der noch Träume hat, der sich für Gerechtigkeit einsetzt, der die Welt ein wenig verbessern hilft.
Einer, der nicht aufgibt, auch wenn alle Bemühungen manchmal so enttäuschend und hoffnungslos zu sein scheinen.

Ein »Vertrauens-Mensch« sein.
Einer, der seine Angst überwindet, weil er vertrauen kann und selbst vertrauenswürdig ist.

Ein »Aufbruch-Mensch« sein.
Einer, der neue Wege geht, der nicht liegen bleibt, der sich losreißt, wenn es nötig ist.

Ein Mensch sein – ein wenig wie Sara und Abraham.

3
Zeit für Stille – Zeit für Gott

Lauscher

Auf ◄37► sitzt ein Mann in einer ungewöhnlichen Haltung auf dem Boden.
Versuche dich ähnlich wie dieser Mann hinzusetzen und eine Minute lang auf die Geräusche deiner Umgebung zu lauschen.
Gelingt dir das noch länger?
Einer von euch kann auch selbst ein Geräusch erzeugen und es von den anderen erraten lassen.
Wechselt euch ab!

Eilen oder schlendern?

Auf ◄42► findest du eine Geschichte von einem Südsee-Häuptling. Übertreibt er?
Diskutiert eure Meinungen dazu!
Geht durch das Klassenzimmer und probiert aus:
du hast es eilig, weil die Schule gleich anfängt,
du schlenderst durch den Pausenhof...
Suche die Geschwindigkeit, die dir besonders angenehm ist!

Gemeinsame Mitte

Die Menschen auf ◄38 f.► sind durch eine gemeinsame Mitte verbunden.
An wem oder was hältst du dich in deinem Leben fest?
Gestaltet mit euren Antworten eine Litfaßsäule!

»Zeit für Kinder«-Plakat

Stell dir vor, du wärst Mitglied im Verein »Mehr Zeit für Kinder«. Was würdest du für Kinder ändern, vorschlagen, neu einführen?
Entwerft ein Werbeplakat für euren Verein!

Gott in meinem Atem

Solange wir atmen, so lange leben wir. In der hebräischen Sprache gibt es für Luft, Atem, Leben, Geist Gottes ein einziges Wort, nämlich *ruach*.
Achte einmal sehr bewusst auf deinen Atem! Setze dich aufrecht hin. Die Füße stehen nebeneinander auf dem Boden, die Arme liegen locker auf deinen Oberschenkeln. Schließe deine Augen. Prüfe, ob du wirklich entspannt und aufmerksam sitzt. Ändere, wenn nötig, deine Haltung.
Achte nun auf dein Ausatmen und dein Einatmen. Atme nicht tiefer als sonst auch. Misch dich nicht ein: Lass den Atem einfach kommen und gehen. Wie weit kannst du deinen Atem in deinem Körper verfolgen? Bleibe in dieser Übung, so lange du kannst!
Stell dir vor, dass du durch die Luft, die du einatmest, mit allen Lebewesen verbunden bist. Welche Gedanken kommen dir dabei?

»Gott, DU ... meines Lebens«

Menschen haben verschiedene Namen gefunden, wenn sie Gott ansprechen wollen.
Schreibe deine Anrede über eine ganze Seite in dein Heft! Wenn dir kein Name einfällt, so kannst du auf 45 in dem »DU« nach einem Namen suchen.
Schreibe den Namen in schönen Buchstaben und verziere ihn!

Einen Kummerkasten basteln

Schreibt auf Zettel Fragen oder Probleme, über die ihr gern einmal miteinander reden wollt, und werft sie in den Zettelkasten! Vereinbart mit eurem Lehrer oder eurer Lehrerin Zeiten, in denen ihr euch über eure Sorgen aussprechen könnt!

Feste feiern

Im 1. Kapitel habt ihr schon über eure Namen gesprochen. Habt ihr schon einmal daran gedacht, wie ihr eure Namenstage in der Klasse feiern könnt? Welche anderen Ideen habt ihr, um in eurer Klasse miteinander zu feiern? Besprecht eure Vorschläge zusammen mit eurem Lehrer oder eurer Lehrerin und erstellt einen »Festkalender« für eure Klasse!

Gute Wünsche

An Weihnachten gibt es den Brauch, sich gegenseitig Freude zu machen und sich etwas zu schenken.
Überlegt euch zu drei Mitschülern/Mitschülerinnen, die ihr gewählt habt, einen besonderen »Lebenswunsch«!
Denk dir dazu einen Satz aus: »Ich wünsche dir, dass...«
Schreibe diesen Satz auf, verpacke ihn und verschenke ihn!

Im Dunkeln ein Licht anzünden

In vielen Pfarrgemeinden treffen sich Menschen in der Adventszeit frühmorgens zu einer Gebets- oder Meditationsfeier.

Schaut euch das Foto auf 49 an! Kennt ihr andere Möglichkeiten für eine Lichterfeier?

Bringt Kerzen mit und sucht aus dem Schulbuch oder eurer Klassenbibliothek Gebete, Geschichten oder Lieder aus! Überlegt, wie ihr in eurer Klasse oder eurem Schulhaus eine Lichterfeier gestalten könnt!

Die Eile unterbrechen

Der Papalagi

Der Papalagi liebt vor allem auch das, was sich nicht greifen lässt und doch da ist – die Zeit. Er macht viel Wesens und alberne Rederei darum.

Obwohl nie mehr davon vorhanden ist als zwischen Sonnenaufgang und Sonnenuntergang hineingeht, ist es ihm doch nie genug.

Es gibt Papalagi, die behaupten, sie hätten nie Zeit. Es gibt in Europa nur wenige Menschen, die wirklich Zeit haben. Vielleicht gar keine, daher rennen auch die meisten durchs Leben wie ein geworfener Stein. Fast alle sehen im Gehen zu Boden und schleudern die Arme weit von sich, um möglichst schnell voranzukommen. Wenn man sie anhält, rufen sie unwillig: »Was musst du mich stören; ich habe keine Zeit, siehe zu, dass du deine ausnützt.« Sie tun geradeso, als ob ein Mensch, der schnell geht, mehr wert sei und tapferer als der, welcher langsam geht.

Rede des Südsee-Häuptlings Tuiavii

Gesparte Zeit?

»Guten Tag«, sagte der kleine Prinz.
»Guten Tag«, sagte der Händler.
Er handelte mit höchst wirksamen, Durst stillenden Pillen. Man schluckt jede Woche eine und spürt überhaupt kein Bedürfnis mehr zu trinken.
»Warum verkaufst du das?«, sagte der kleine Prinz.
»Das ist eine große Zeitersparnis«, sagte der Händler. »Die Sachverständigen haben Berechnungen angestellt. Man erspart dreiundfünfzig Minuten in der Woche.«
»Und was macht man mit diesen dreiundfünfzig Minuten?«
»Man macht damit, was man will...«
»Wenn ich dreiundfünfzig Minuten übrig hätte«, sagte der kleine Prinz, »würde ich... «

Antoine de Saint-Exupéry

Betrachte die Wolken

Betrachte die Wolken
Lüfte das Zimmer
Spüre den vorbeifahrenden Lastwagen
unter deinen Füßen
Grüße einen Fremden

Rede weniger
Streichle die Katze
Höre den raschelnden Blättern zu
Schaue deinem Atem nach
in der kalten Morgenluft

Unterhalte dich mit den Vögeln
Spüre die Sonne in deinem Gesicht
Schaue jemandem in die Augen
Atme den Duft des Mittagessens

Zünde eine Kerze an
Baue einen Schneemann
Lausche dem prasselnden Regen
Sprich das schönste Wort,
das du heute schon gehört hast

Schaue in den Sternenhimmel
Spüre dein Herzklopfen
Schließe einen Augenblick
deine Augen
Lass dir Zeit

Wenn es dämmert, lass das Licht aus
Spüre die Wärme deiner Hände
Erinnere dich an deine Träume
Höre die Glocken
und die leisen Töne
Summe ein Lied

◇ Die letzten »dreiundfünfzig Minuten« – wie hast du sie erlebt? Erzähle deinem Nachbarn davon!

◇ Kurze Zeiten – lange Zeiten – schlechte Zeiten – gute Zeiten... Welche Erfahrungen hast du schon damit gemacht?

◇ Was kannst du tun, dass deine nächsten sieben Minuten zu einer guten Zeit werden?

T: Gerhard Krombusch
M: Ludger Edelkötter

1. Zeit für Ruhe 2. Zeit für Stille 3. Atem holen und nicht hetzen 3. unser Schweigen nicht verletzen 4. lasst uns in die Stille hören.

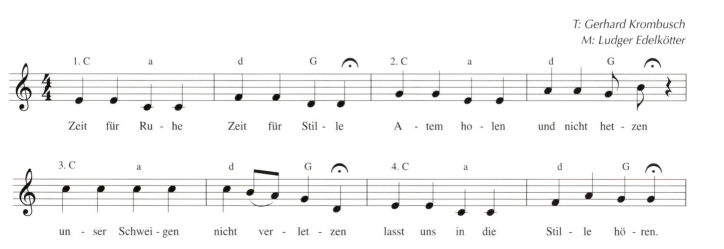

Beten im Alltag

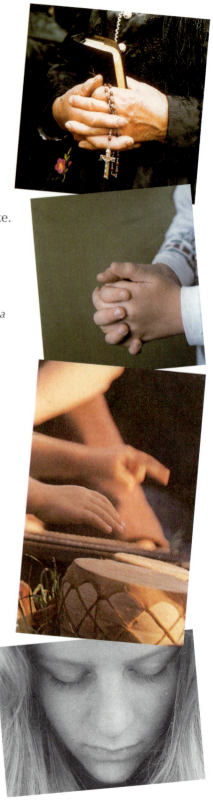

Am Morgen

Herr, ich werfe meine Freude
wie Vögel an den Himmel.
Die Nacht ist verflattert,
und ich freue mich am Licht.
Deine Sonne
hat den Tau weggebrannt
vom Gras und von unseren Herzen.
Herr, ich bin fröhlich heut am Morgen.
Ich fühle meinen Körper und danke.
Die Sonne brennt meine Haut, ich danke.
Herr, ich freue mich an der Schöpfung
und dass du dahinter bist und daneben
und davor und darüber und in uns.
Jeden Tag machst du. Halleluja, Herr!
Amen.

Gebet aus Westafrika

Am Tag

Gott,
halte mich fest,
wenn ich falle,
halte zu mir,
wenn ich allein bin,
halte mich ab,
wenn ich zuschlagen möchte,
halte mich aus,
wenn ich unausstehlich bin,
halte mir jederzeit
deine Schönheiten vor Augen.
Amen.

Am Abend

Bevor des Tages Licht vergeht,
o Herr der Welt, hör dies Gebet:
Behüte uns in dieser Nacht
durch deine große Güt und Macht.

Hüllt Schlaf die müden Glieder ein
lass uns in dir geborgen sein
und mach am Morgen uns bereit
zum Lobe deiner Herrlichkeit.
Amen.

aus dem Stundenbuch* der Kirche

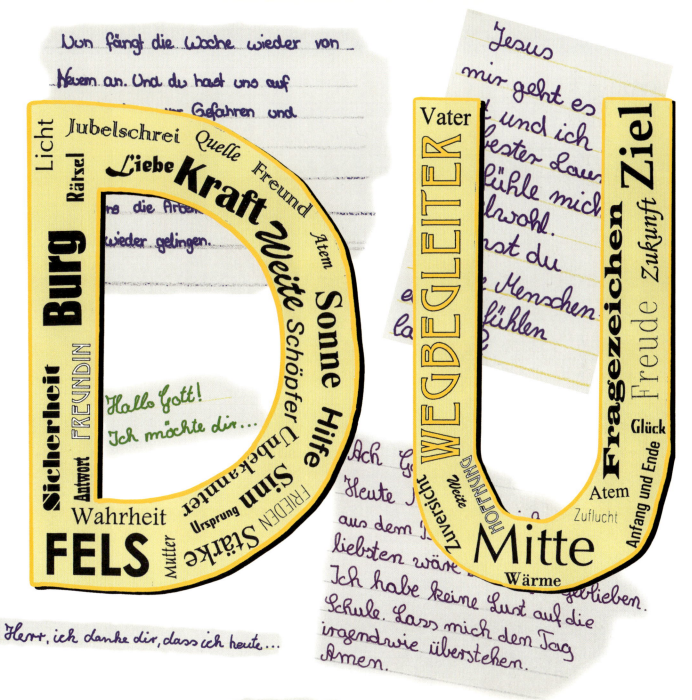

Miteinander beten – ganz da sein

Beten mit den Füßen

◇ Gibt es in eurer nächsten Umgebung Wallfahrtsorte* oder bestimmte Wallfahrtsbräuche? Ihr könnt euch in eurer Pfarrei danach erkundigen!

Freising – Wir ziehen in ein neues Land. So lautete das Motto der Jugendkorbinianswallfahrt in diesem Jahr. Über 8000 Jugendliche aus der ganzen Erzdiözese hatten sich dazu in der Nacht von Samstag auf Sonntag auf den Weg gemacht.

Wohl den Menschen,
die Kraft finden in dir,
wenn sie sich zur Wallfahrt rüsten.
Ziehen sie durch das trostlose Tal,
wird es für sie zum Quellgrund
und Frühregen hüllt es in Segen.
Sie schreiten dahin
mit wachsender Kraft,
dann schauen sie Gott
auf dem Berg.

Ps 84,6-8

M/T: Gerhard Schöne

Ein Mann fährt zu 'nem
Blitzbesuch
zu seinem Vater auf das Dorf.
Der Alte füttert grade Katzen.
Der Mann sagt:
»Tag! Ich bleib nicht lang,
hab eigentlich gar keine Zeit.
Ich weiß nicht mehr,
wo mir der Kopf steht!

Ich hetz mich ab und schaffe
nichts.
Ich bin nur noch ein
Nervenwrack.
Woher nimmst du nur
deine Ruhe?«
Der Alte kratzt sein linkes Ohr
und sagt:
»Mein Lieber,
hör gut hin und
mach es so, es ist ganz
einfach:

Wenn ich schlafe, schlafe ich.
Wenn ich aufsteh, steh ich auf.
Wenn ich gehe, gehe ich.
Wenn ich esse, esse ich.

Wenn ich schaffe, schaffe ich.
Wenn ich plane, plane ich.
Wenn ich spreche, spreche ich.
Wenn ich höre, höre ich.«

Der Mann sagt:
»Was soll dieser Quatsch?
Das alles mache ich doch auch
und trotzdem find ich
keine Ruhe.«
Der Alte kratzt sein linkes Ohr
und sagt: »Mein Lieber,
hör gut hin,
du machst es alles etwas anders:

Wenn du schläfst, stehst du
schon auf.
Wenn du aufstehst, gehst
du schon.

Wenn du gehst, dann isst
du schon.
Wenn du isst, dann schaffst
du schon.

Wenn du schaffst, dann planst
du schon.
Wenn du planst, dann sprichst
du schon.
Wenn du sprichst, dann hörst
du schon.
Wenn du hörst, dann schläfst
du.

Wenn ich schlafe, schlafe ich.
Wenn ich aufsteh', steh ich auf.
Wenn ich gehe, gehe ich.
Wenn ich esse, esse ich.

Wenn ich schaffe, schaffe ich.
Wenn ich plane, plane ich.
Wenn ich spreche, spreche ich.
Wenn ich höre, höre ich.«

Die Heilige Nacht – eine Christuslegende

Es war an einem Weihnachtstag, alle waren zur Kirche gegangen, außer Großmutter und mir. Wie wir so in unserer Einsamkeit saßen, fing Großmutter zu erzählen an:

Es war einmal ein Mann, sagte sie, der in die dunkle Nacht hinausging, um sich Feuer zu leihen für sein Weib und das Kind, das sie soeben geboren hatte. Er ging von Haus zu Haus und klopfte an. Aber es war tiefe Nacht, so dass alle Menschen schliefen, und niemand antwortete ihm.

Der Mann ging und ging. Endlich erblickte er in weiter Ferne einen Feuerschein. Da wanderte er dieser Richtung zu und sah, dass das Feuer im Freien brannte. Eine Menge weißer Schafe lagen rings um das Feuer und schliefen, und ein alter Hirt wachte über der Herde. Als der Mann näher kam, sah er, dass drei große Hunde zu Füßen des Hirten schliefen. Sie erwachten alle drei bei seinem Kommen und sperrten ihre weiten Rachen auf, als ob sie bellen wollten, aber man vernahm keinen Laut. Der Mann sah, wie ihre weißen Zähne funkelten und wie sie auf ihn losstürzten. Aber die Zähne gehorchten ihnen nicht, und der Mann litt nicht den kleinsten Schaden.

Nun wollte der Mann weitergehen, aber die Schafe lagen so dicht nebeneinander, dass er nicht hindurchkam. Da stieg der Mann auf die Rücken der Tiere und wanderte über sie hin dem Feuer zu. Und keins von den Tieren regte sich oder wachte auf.

Als der Mann fast bei dem Feuer angelangt war, sah der Hirt auf. Es war ein alter, mürrischer Mann, der hart gegen alle Menschen war. Und als er den Fremden kommen sah, griff er nach seinem langen, spitzigen Stabe und warf ihn nach ihm. Der Stab fuhr zischend gerade auf den Mann los, aber ehe er ihn traf, wich er zur Seite und sauste an ihm vorbei weit über das Feld.

Nun kam der Mann zu dem Hirten und sagte zu ihm: »Guter Freund, hilf mir und leih mir ein wenig Feuer. Mein Weib hat soeben ein Kindlein geboren und ich muss sie beide wärmen.« Der Hirt hätte am liebsten nein gesagt, aber als er daran dachte, dass die Hunde dem Mann nicht schaden konnten, dass die Schafe nicht vor ihm davongelaufen waren und dass sein Stab ihn nicht treffen wollte, da wurde ihm ein wenig bange und er wagte es nicht, dem Fremden das Feuer abzuschlagen. »Nimm, so viel du brauchst«, sagte er zu dem Mann.

Aber das Feuer war beinahe ausgebrannt. Es waren keine Scheite und Zweige mehr übrig, sondern nur ein großer Gluthaufen, und der Fremde hatte nichts, womit er die roten Kohlen hätte tragen können.

Als der Hirt dies sah, freute er sich, dass der Mann kein Feuer wegtragen konnte. Aber der Mann beugte sich hinunter, holte die glühenden Kohlen mit bloßen Händen aus der Asche und legte sie in seinen Mantel. Und weder versengten die Kohlen seine Hände noch seinen Mantel.

Als der Hirt dies sah, begann er sich bei sich selbst zu wundern: »Was kann dies für eine Nacht sein, wo die Hunde die Schafe nicht beißen, die Schafe nicht erschrecken, die Lanze nicht tötet und das Feuer nicht verbrennt?« Er rief den Fremden zurück und fragte ihn: »Was ist das für eine Nacht?«

Da sagte der Mann: »Ich kann es dir nicht sagen, wenn du es nicht selber siehst«, und er ging seines Weges.

Aber der Hirt wollte den Mann nicht aus dem Gesicht verlieren, bevor er erfahren hätte, was dies alles bedeute. Er stand auf und ging ihm nach bis dorthin, wo der Mann zu Hause war. Da sah der Hirt, dass der Mann nicht einmal eine Hütte hatte, sondern das Weib und sein Kindlein lagen in einer Berggrotte. Da beschloss er, dem Kinde zu helfen. Und er löste sein Ränzel von der Schulter und holte daraus ein weiches Schaffell hervor. Das gab er dem fremden Manne und sagte, er möge das Kind darauf betten.

Und in demselben Augenblick, in dem er zeigte, dass er auch barmherzig sein konnte, wurden ihm die Augen geöffnet und er sah, was er vorher nicht hatte sehen, und hörte, was er vorher nicht hatte hören können...

Da begriff er, warum in dieser Nacht alle Dinge froh waren, dass sie niemand etwas zuleide tun wollten.

Es herrschte ein Jubel und Freude und Singen und das alles sah er in der dunklen Nacht, in der er früher nichts zu sehen vermocht hatte. Und er wurde so froh, dass seine Augen geöffnet waren, dass er auf die Knie fiel und Gott dankte.

Als Großmutter so weit gekommen war, leuchteten ihre Augen, sie legte ihre Hand auf meinen Kopf und sagte: »Dies sollst du dir merken, denn es ist so wahr, wie dass ich dich sehe und du mich siehst. Nicht auf Lichter und Lampen kommt es an und es liegt nicht an Mond und Sonne, sondern was Not tut, ist, dass wir Augen haben, die Herrlichkeit Gottes sehen zu können.«

nach Selma Lagerlöf

◇ Gestaltet ein Krippenspiel nach dieser Weihnachtslegende! Ihr könnt weitere Personen dazu erfinden.

Feste Zeiten...

Nun sprach Gott:
»Es sollen Leuchten werden am Firmament des Himmels, damit sie scheiden zwischen dem Tag und der Nacht; sie sollen als Zeichen dienen, für Festzeiten und Tage und Jahre...«

Gen 1,14

Die Bahn der Erde um die Sonne (oder, wie man früher glaubte, die Bahn der Sonne um die Erde) bestimmt das Sonnenjahr.

Der Lauf des Mondes um die Erde bestimmt die Dauer eines Monats.

Die Drehung der Erde um sich selbst bestimmt den Tag.

Schon früh bemerkten die Sternforscher, dass das Sonnenjahr 365 Tage und 6 Stunden lang ist. Das Mondjahr hat aber mit zwölf Mondumläufen zu je 29 Tagen und 12 Stunden nur 354 Tage.

In vielen Kulturen wurden deshalb Tage oder Monate eingeschoben.

Den Kalender, so wie wir ihn kennen, haben wir von den Römern übernommen, genauer gesagt, von Julius Cäsar (geb. 102, gest. 44 v. Chr.). Man nennt ihn deshalb auch den »Julianischen« Kalender. Julius Cäsar legte den in Ägypten entwickelten Sonnenkalender von 365 Tagen zugrunde. In ihm wurde alle vier Jahre am letzten Monat des Jahres – das war damals der Februar – ein Tag zugeschaltet. Der alte römische Jahresanfang war der 1. März; daran erinnern noch die Monatsnamen »September« (septimus = der siebte) bis »Dezember« (decimus = der zehnte).

Papst Gregor XIII. korrigierte den Julianischen Kalender. Nach der neuen Berechnung war nämlich das Jahr nun durchschnittlich um 11 Minuten und 14 Sekunden zu lang. Über die Jahrhunderte hatten sich insgesamt 10 Tage zu viel angesammelt.

Deshalb ließ Gregor XIII. das Jahr 1582 um 10 Tage kürzen: auf den 4. Oktober folgte der 15. Oktober.

Dieser nach dem Papst benannte Gregorianische Kalender gilt bis auf den heutigen Tag.

»Anno Domini«
Anno Domini heißt »im Jahr des Herrn«. Seit dem 6. Jahrhundert gilt das Geburtsjahr Jesu als das Jahr 0, von dem aus gezählt wird. Dabei hat man sich damals allerdings um ein paar Jahre verrechnet. Heute nimmt man an, dass Jesus etwa 4-7 v.Chr. geboren ist.

Für Christen ist die Geburt Jesu der Beginn einer neuen Zeitrechnung. Juden und Muslime folgen einem anderen Kalender.

Der Geburtstag Jesu
Das Geburtsdatum Jesu ist nicht bekannt.

Dass man Weihnachten schon seit dem 4. Jahrhundert am 24./25.

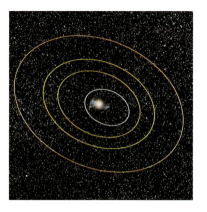

Dezember feiert, hängt wieder mit den Römern zusammen: Kaiser Aurelian führte im Jahr 274 ein hohes Fest zu Ehren des syrischen Sonnengottes ein, das »Geburtsfest des unbesiegten Sonnengottes«. Die römischen Kirchengemeinden griffen dieses Fest auf und gaben ihm eine neue Bedeutung: Jesus ist die »Sonne der Gerechtigkeit«, er allein ist der unbesiegte Herr der Welt!

Schon sehr früh feierte man außerdem um den 25. Dezember herum verschiedene Feste zur Wintersonnenwende. Das ist der kürzeste Tag und die längste Nacht im Jahr. Danach verlängern sich die Tage wieder.

Wir feiern also die Geburt Jesu genau an dieser Wende in dem Glauben, dass Jesus für uns das »Licht ins Dunkel« bringt!

... Festzeiten

Neben dem üblichen Kalender, der sich aus dem Rhythmus der Jahreszeit ergibt, haben wir Christen einen Festkalender, der sich im Lauf eines Jahres um alle wichtigen Stationen im Leben von Jesus dreht. Wir nennen es daher Herrenjahr oder Kirchenjahr. Das Kalenderjahr beginnt jedes Jahr am 1. Januar, das Kirchenjahr hingegen ungefähr vier Wochen früher, nämlich mit dem 1. Adventssonntag.

Die Ereignisse der Geburt Jesu feiern wir im Weihnachtsfestkreis. Er dauert vom 1. Adventssonntag bis zum Fest der Taufe Jesu, die am Sonntag nach *Erscheinung des Herrn** gefeiert wird. Die Ereignisse vom Sterben, der Auferstehung und der Geistsendung an Pfingsten gehören zum Osterfestkreis.
Jeder Sonntag ist eigentlich ein kleines Osterfest. Diesen Tag nennen wir daher auch *Tag des Herrn*.
In der Zeit während des Jahres erinnern wir uns an das, was Jesus bis zu seinem Tod getan und gesprochen hat.

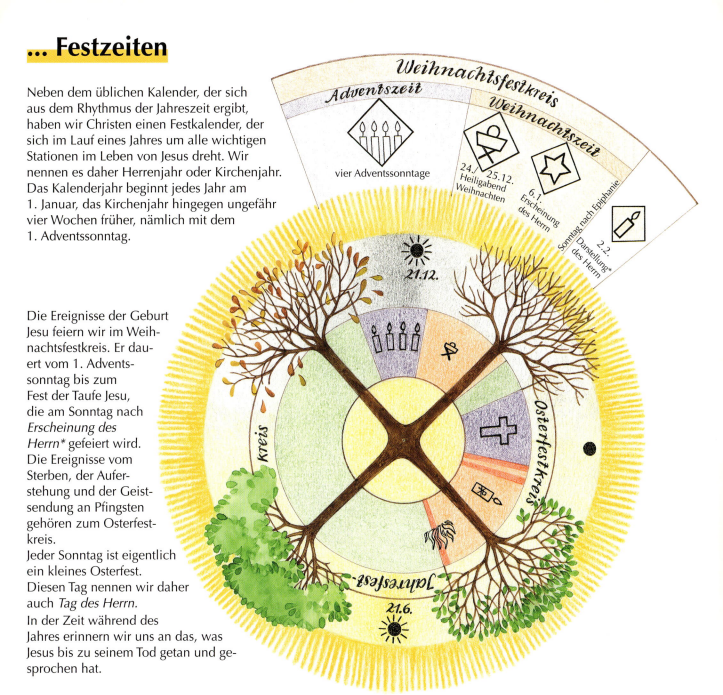

Im Gottesdienst kann man die verschiedenen Festzeiten auch an den so genannten liturgischen Farben erkennen. Liturgisch nennen wir sie, weil sie im Gottesdienst vorkommen. An den Hochfesten Weihnachten und Ostern trägt der Priester ein weißes (oder goldenes) Messgewand, an Pfingsten ein rotes. In der Adventszeit und in der österlichen Vorbereitungszeit gilt als liturgische Farbe violett, während des Jahres grün.

Gebete ändern...

Die schwierige Lage Gottes

»Und verschone uns mit Feuer,
Missernten und Heuschreckenschwärmen«,
beteten die Farmer am Sonntagmorgen.
Zu gleicher Zeit hielten die Heuschrecken
einen Bittgottesdienst ab, in welchem es hieß:
»Und schlage den Feind mit Blindheit, auf
dass wir in Ruhe seine Felder abnagen können«.

Wolfdietrich Schnurre

Gebete ändern nicht die Welt.
Aber Gebete ändern die Menschen
und Menschen verändern die Welt!

Albert Schweitzer

»Wenn ihr betet, sollt ihr nicht plappern wie die Heiden, die meinen, sie werden nur erhört, wenn sie viele Worte machen. Macht es nicht wie sie; denn euer Vater weiß, was ihr braucht, noch ehe ihr ihn bittet«.

Mt 6, 7-8

Darum sage ich euch: Bittet, dann wird euch gegeben; sucht, dann werdet ihr finden; klopft an, dann wird euch geöffnet. Denn wer bittet, der empfängt; wer sucht, der findet; und wer anklopft, dem wird geöffnet.

Lk 11, 9-10

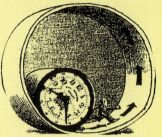

Rund um die Wiese herum, wo Kühe und Pferde grasten, stand eine alte, alte Steinmauer. In dieser Mauer – nahe bei Scheuer und Kornspeicher – wohnte eine Familie schwatzhafter Feldmäuse. Aber die Bauern waren weggezogen, Scheuer und Kornspeicher standen leer. Und weil es bald Winter wurde, begannen die kleinen Feldmäuse Körner, Nüsse, Weizen und Stroh zu sammeln. Alle Mäuse arbeiteten Tag und Nacht. Alle – bis auf Frederick. »Frederick, warum arbeitest du nicht?«, fragten sie. »Ich arbeite doch«, sagte Frederick, »ich sammle Sonnenstrahlen für die kalten, dunklen Wintertage.« Und als sie Frederick so dasitzen sahen, wie er auf die Wiese starrte, sagten sie: »Und nun, Frederick, was machst du jetzt?« »Ich sammle Farben", sagte er nur, »denn der Winter ist grau«. Und einmal sah es so aus, als sei Frederick halb eingeschlafen. »Träumst du, Frederick?«, fragten sie vorwurfsvoll. »Aber nein«, sagte er, »ich sammle Wörter. Es gibt viele lange Wintertage – und dann wissen wir nicht mehr, worüber wir sprechen sollen.« Als nun der Winter kam und der erste Schnee fiel,...

Leo Lionni

◇ Stell dir vor, du musst mit deinen Geschwistern bei der Holzarbeit helfen, damit ihr im nächsten Winter genug Brennholz für euren Ofen habt. Einer von euch zieht sich immer wieder zurück, um ein Gedicht für eure Oma zu schreiben, die bald Geburtstag hat. Was sagen die anderen? Wie reagierst du?

◇ Vergleicht die Geschichte von Wolfdietrich Schnurre mit den Worten Jesu bei Lk 11, 9-10! Was fällt euch auf? Sprecht darüber!

Dem Weg Jesu auf der Spur

Jesus-Ballade

1. An einem Tag vor langer Zeit,
   kam er zur Welt in tiefstem Leid,
   doch sein Leben hatte einen Sinn, einen Sinn.
   Er war von Gott selbst auserwählt,
   als Heil und Retter für die Welt
   und Gottes Hand war immer über ihm, über ihm.
   Refrain: Ah....

2. Zu Fischern von Genesaret,
   da kam der Mann aus Nazaret
   und rief ihnen zu: »Folgt mir nach! Folgt mir nach!«
   Und Petrus und Andreas
   erkannten den Messias
   und folgten durch Triumphe und durch Schmach,
   und durch Schmach.

3. Er wanderte durch Israel,
   half allen Kranken, die er fand,
   und machte Gottes Liebe offenbar, offenbar.
   Doch verstand man seine Botschaft nicht,
   man wollte den Messias nicht,
   weil er nicht König, sondern Diener war, Diener war.

4. Das Wunder war auf Golgotha,
   mit Schwerverbrechern starb er da
   und schlug im Tod die Brücke hin zu Gott, hin zu Gott.
   Er erstand zu neuem Leben,
   wer ihm folgt, der wird's erleben,
   denn er hat für uns besiegt den Tod, besiegt den Tod.

mündlich überliefert nach Mariannhill Würzburg

Bilder von Jesus

Wie Jesus ausgesehen hat, wie groß er war, welche Haar- und Augenfarbe er hatte…, weiß man nicht. Trotzdem wurde er im Lauf der Jahrhunderte von vielen Künstlern unzählige Male dargestellt.

Sammelt Bilder von Jesus. Vergleicht sie mit dem Titelbild! Sucht nach Gemeinsamkeiten und Unterschieden.

Ihr könnt euren Bildern auch passende Überschriften geben.

Aus dem Leben Jesu

Von Ereignissen aus dem Leben Jesu erfährst du auf ▶ 54f. An welche anderen Erzählungen kannst du dich außerdem noch erinnern? Male ein Bild, zeige es und erzähle dazu! Wer findet in der Bibel den dazugehörigen Text?

Eine Schriftrolle basteln

Du brauchst dazu zwei Holzstäbchen, kleine Holzperlen o.Ä. und einen Papierstreifen. Schreibe auf den Papierstreifen den Text, den ein frommer Jude nicht vergessen will ▶ 61. Klebe nun die Enden der Papierstreifen an den Holzstäbchen fest und rolle den Streifen von beiden Seiten zusammen! Du kannst dir auch eine Schriftrolle mit anderen Sätzen aus den Evangelien herstellen!

Leben in einem jüdischen Dorf

Ihr könnt ein kleines Dorf in Galiläa bauen. Schneidet die Grundform eines Würfels aus, malt an die entsprechenden Seiten eine Türe, ein Fenster, eine Leiter… und stellt die zusammengeklebten Häuser zu einem Dorf zusammen! Worauf müsst ihr achten? Lest nach auf ▶ 60!

Ein Satz aus der Botschaft Jesu

Jesus hat viele bedenkenswerte Sätze gesprochen. Suche dir einen heraus, der dir besonders gut gefällt. Du kannst auch in der Schulbibel nachlesen!

Schreibe den Satz in die Spirale und schneide sie aus! Du kannst die Spirale farbig gestalten und über deinem Schreibtisch aufhängen.

Spuren der Begegnung

Stellt euch einmal vor, eure Füße könnten überall da, wo ihr gestanden und gegangen seid, einen Fußabdruck hinterlassen, so wie in frischem Schnee! Man könnte an solchen Spuren erkennen, ob sich Menschen begegnet sind, ob sie miteinander gegangen sind und ob sie sich voneinander entfernt haben.

Wenn ihr auf Papier die Umrisse eurer Füße nachzeichnet und sie dann ausschneidet, könnt ihr damit die verschiedenen Möglichkeiten legen, wie man sich begegnen kann: z.B. seine Freundin treffen und mit ihr weitergehen… , vor einer Gruppe stehen bleiben… , aneinander vorbeigehen… , einen falschen Weg einschlagen und umkehren… o.Ä.

Überlegt einmal, welche Folgen eine solche Begegnung haben könnte!

Versucht auch einmal, die Berufung der Fischer 62 mit Fußspuren zu legen.

Hoffnung ist wie …

Hoffnung kann man in Bildern ausdrücken. Sammelt Bilder, die von »Hoffnung« erzählen. Klebt sie zu einem Wandfries zusammen. Ihr könnt die Bilderfolge im Laufe des Schuljahres ergänzen.

Auf Ostern vorbereiten

Nehmt buntes Tonpapier und schneidet für jede Fastenwoche ein Blütenblatt aus! Überlegt euch für jede Woche ein Bild, einen Satz…, die zu Ostern hinführen, und schreibt, malt oder klebt sie auf das Blatt! Die Mitte der Blüte könnt ihr in besonderer Weise gestalten!

Wo Jesus lebte

Jesus war ein Jude und lebte in dem Land, das sich von der östlichen Mittelmeerküste bis zum Jordan und ins heutige Jordanien erstreckt. Die Römer hatten es erobert und besetzt. Fast alle Länder rund um das Mittelmeer gehörten damals den Römern. Sie herrschten aber auch in Deutschland und England. Um dieses große Reich regieren zu können, wurden die eroberten Gebiete in kleinere Verwaltungsbereiche, so genannte Provinzen eingeteilt. In jeder Provinz setzte der römische Kaiser einen Statthalter ein, der für Ruhe und Ordnung sorgen und die Grenzen gegen Überfälle verteidigen musste. Dafür stellte ihm der Kaiser Legionen von Soldaten zur Verfügung. Ein gut ausgebautes Straßennetz sorgte dafür, dass die Soldaten schnell bis in die letzten Winkel des Reiches geschickt werden konnten. Aber nicht nur die Römer hatten von den Straßen ihren Nutzen, auch die Bewohner der Provinzen gelangten schnell von einer Stadt zur anderen oder gar bis nach Rom. Besonders die Kaufleute konnten leichter in ferne Länder reisen und Handel treiben.

Als Jesus geboren wurde, regierte in Palästina Herodes der Große. Er war aber nur ein Unterkönig und musste den Römern gehorchen. Über seine Landsleute herrschte er rücksichtslos.

Nach seinem Tod wurde das Land unter seinen Söhnen aufgeteilt. Einer davon war Herodes Antipas. Während seiner Herrschaft wurde Jesus gekreuzigt. In dieser Zeit hatte der Statthalter Pontius Pilatus den Oberbefehl.

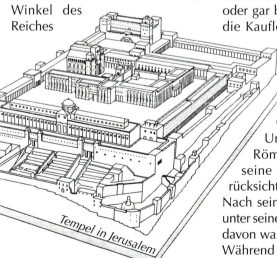

Tempel in Jerusalem

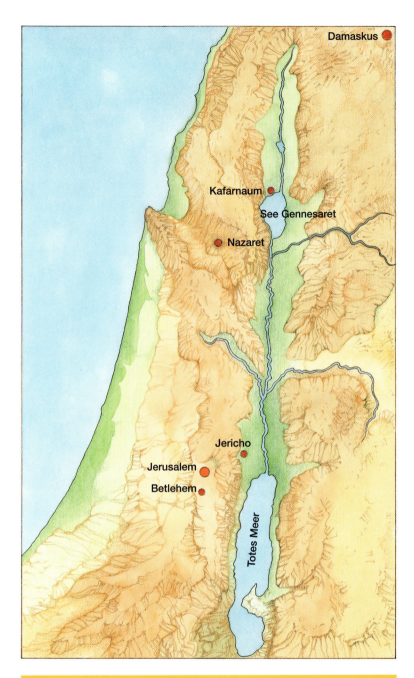

◇ Übertragt die Karte in euer Heft!
Tragt die wichtigen Stationen aus dem Leben Jesu ein und malt dazu ein entsprechendes Zeichen (z.B. Jerusalem: Kreuz).

Palästina hatte damals drei Landesteile: im Norden Galiläa, in der Mitte Samaria und im Süden Judäa. Im Süden lag die Hauptstadt Jerusalem. In Galiläa und Judäa wohnten die Juden, in Samaria die Samaritaner. Mit ihnen wollten die Juden nichts zu tun haben, weil sie nicht im Tempel von Jerusalem beteten. Die Juden von Judäa sahen aber auch verächtlich auf die Galiläer herab. Sie sagten: »Was kann aus Galiläa schon Gutes kommen?« Jesus aber stammte aus Galiläa.

Jerusalem war die heilige Stadt der Juden. Dort stand *der Tempel* inmitten eines großen Platzes. Er war für sie ein Zeichen, dass Gott bei seinem Volk wohnt. Er war aus weißem Stein erbaut und z.T. mit Gold verziert. Für jeden frommen Juden war es ein besonderes Erlebnis, zu Wallfahrtsfesten nach Jerusalem zu pilgern, um Gott im Tempel nahe zu sein und ihm ein Opfer darbringen zu lassen. Nichtjuden durften den inneren Tempel nicht betreten, nur den Vorhof der Heiden.

Die Heiligen Schriften – wir sagen dazu: das Alte Testament* – waren in Hebräisch abgefasst. Sonst aber sprachen die Juden aramäisch. Das war auch die Muttersprache Jesu. Die gebildeten Leute, aber auch die Kaufleute, die viel in der Welt herumkamen, konnten Griechisch. Griechisch war damals die am meisten verbreitete Sprache im Römerreich. So ist es nicht verwunderlich, dass auch die Schriften, die von Jesus und von den ersten Christengemeinden erzählen, in dieser Sprache abgefasst wurden – wir sagen dazu: Neues Testament*.

Obwohl es unter der Bevölkerung in Palästina *verschiedene Gruppen** gab, die sich untereinander oft nicht vertrugen, waren sie sich doch einig in ihrer Ablehnung der römischen Zwangsherrschaft. Sie empfanden es als drückende Last, dass sie an die Römer hohe Steuern zahlen mussten. Besonders unerträglich war es für sie, dass die Römer ihre Gottesbilder in Palästina* aufstellten. Viele Juden hofften auf einen Messias*, der dem Land Freiheit und Frieden bringen würde, wie es einst König David getan hatte.

Jüdisches Leben

In einem jüdischen Haus

»Aufstehen, Micha! Der Hahn hat schon ein paarmal gekräht.«

Die Tür zum Hof steht halb offen und Micha wird beinahe geblendet von dem hellen, blauen Himmel über der Hofmauer.

Seine Mutter Rut nimmt eine große Schüssel mit Brotteig und geht in den Hof. Micha rollt seine Schlafmatte zusammen, stellt sie in die Ecke zu den übrigen Matten und zieht den flachen Tisch in die Mitte. Nachts wird er immer beiseite gestellt, damit die Familie Platz hat zum Schlafen, denn das Haus hat nur einen einzigen großen Raum. Dieser ist Wohn- und Arbeitsraum, Küche und Schlafraum zugleich. Wenn es die Witterung erfordert, haben auch die Haustiere darin ihren Platz.

Um die Feuerstelle ist der Boden höher als im übrigen Raum. Zwei Steinstufen führen dort hinauf. In einer Wandnische neben der Feuerstelle sind Becher, Schüsseln und Krüge untergebracht. Auf dem Boden stehen neben Töpfen und Pfannen Körbe mit Oliven, Feigen, Rosinen und Granatäpfeln. Darüber sind Schnüre und Stangen befestigt, an denen Lederflaschen und Knoblauchzöpfe hängen. In dieser Ecke sitzt die Familie am Feuer, wenn es draußen kühler wird.

Micha weiß, dass es in den Häusern der Reichen Tische, Schemel, Speisesofas, Betten, Truhen und Fußböden mit Mosaiken gibt.

Seine Schwester Judit ist gerade dabei, die Ziege zu melken. Judit ist 14 Jahre alt und soll in ein paar Monaten den Töpfer Simon heiraten.

»Micha verschläft immer absichtlich und ich muss dann den Esel füttern«, mault sein jüngerer Bruder Tobias. Er trägt gerade ein großes Heubündel herbei, hinter dem er mit seinen sechs Jahren beinahe verschwindet. »Ihr seid ja nur neidisch«, protestiert Micha und geht schnell zum Wasserkrug, um sich zu waschen.

Die Mutter kniet im Hof an der Feuerstelle. Schon am Abend vorher hatte sie zwischen zwei schweren, runden Steinen Weizen und Gerste zu Mehl gemahlen und ganz in der Frühe den Teig gemacht. Jetzt formt sie den Teig zu runden Pfannkuchen und legt diese auf die heißen Steine. Der Duft des frisch gebackenen Brotes breitet sich im ganzen Hof aus. »Können wir bald frühstücken?«, fragt Ester. »Ich will zuerst das Brot für den ganzen Tag backen, sonst werdet ihr heute nicht satt«, sagt die Mutter. Bald ist der ganze Teig aufgebraucht.

Tobias holt den Vater. Endlich ist auch das Frühstück vorbereitet und alle setzen sich um den flachen Tisch. Der Vater spricht den Segen: »Gelobet seist du, Herr unser Gott, König der Welt, der du alles, was uns nährt, geschaffen hast...«

In der Synagoge

Micha und Tobias verlassen das Haus. Beim Hinausgehen berühren sie eine kleine Kapsel aus Metall. Sie ist am rechten Türrahmen befestigt und enthält ein Pergamentröllchen mit dem Glaubensbekenntnis der Juden: »Höre, Israel! Der Herr, unser Gott, ist der einzige Herr...«.

Draußen brennt die Sonne schon ziemlich heiß. Ein Glück, dass die Gassen so eng sind. So geben sie angenehmen Schatten.

Unterwegs treffen sie einige Freunde, die auch ins Lehrhaus der Synagoge gehen. In der Regel sind es nur die Jungen, die dort lesen und schreiben lernen, wenn sie fünf Jahre alt sind. Der kleine Tobias beneidet seinen Bruder. Micha kann schon recht gut lesen.

Wie jedes andere Haus umgibt auch die Synagoge ein ummauerter Hof, der mit Steinplatten ausgelegt ist. Hier warten die Kinder auf ihren Lehrer. Plötzlich wird es still. Die Tür zur Synagoge geht auf und der Lehrer kommt in den Hof. »Schalom«, begrüßt er die Kinder. »Schalom«, antworten sie im Chor. Der Lehrer – man nennt ihn auch Rabbi – setzt sich auf einen Hocker. Heute erzählt er vom Auszug aus Ägypten.

Danach holt er eine Schriftrolle herbei. Der Rabbi legt sie auf einen flachen Tisch und rollt sie auf, bis er die richtige Stelle gefunden hat. Dann liest er noch einmal auf Hebräisch die Geschichte vor. Satz für Satz müssen die Kinder zusammen wiederholen. Auf diese Weise lernen sie den Text auswendig, so dass sie am Sabbat in der Synagoge jedes Wort verstehen können. Die Größeren lesen selbst ein Stück vor. Auch Micha kommt an die Reihe. Er kann besser lesen als schreiben, denn er hat keine Tafel und kein Papier um zu üben. Wie die anderen bemüht er sich, die Buchstaben in den Sand zu malen.

Endlich ist die Schule aus. Schnell laufen Micha und Tobias davon. Viel Zeit haben sie heute nicht mehr für ihre Freunde. Es ist nämlich Freitag, bei Sonnenuntergang beginnt schon der Sabbat und bis dahin gibt es noch viel zu tun.

Am Sabbat

Zu Hause helfen alle mit, das Haus zu putzen und herzurichten, so festlich wie möglich. Mutter und Judit bereiten die Sabbatmahlzeiten vor. Freitags vor Sonnenuntergang müssen alle Mahlzeiten zubereitet sein, damit der Sabbat wirklich ein Ruhetag wird. So hat Gott es von der Schöpfung an gewollt und seinem Volk eingeschärft: *»Gedenke des Sabbats: Halte ihn heilig. Sechs Tage darfst du schaffen und jede Arbeit tun. Der siebte Tag ist ein Ruhetag, dem Herrn, deinem Gott geweiht.« (Ex 20,8-10)*

Nun ist es so weit. Die Mutter begrüßt den Sabbat. Sie entzündet zwei Sabbatlichter, bedeckt einen Augenblick lang das Licht mit ihren ausgebreiteten Händen und spricht feierlich den Segen über die Lichter: »Gepriesen seist du, Herr, unser Gott, König der Welt, der du uns geheiligt hast durch deine Gebote und uns befohlen hast, das Licht des Sabbats zu entzünden.« Auch Judit zündet ein Licht an und spricht den Segen der Mutter leise nach.

Für Micha, Tobias und den Vater wird es jetzt Zeit, in die Synagoge zu gehen.

Auch hier wird der Einzug des Sabbat mit Gebeten und Liedern feierlich begangen. Mit einem »Schabbot Schalom«, Friede am Sabbat, geht die Gemeinde auseinander. Zu Hause spricht der Vater einen Segen über Brot und Wein, reicht jedem ein Stück Sabbatbrot und nach einem Lied als Tischgebet beginnt die Sabbatmahlzeit. Abends sitzt die Familie noch lange beisammen, erzählt, lacht und freut sich an den frischen Feigen und Rosinen. Am Morgen des Sabbattags gehen Micha und Tobias mit Vater zum Gottesdienst in die Synagoge. Vor dem Eingang legen die Männer und Jungen ihren Gebetsschal um. Kein Jude darf die Synagoge ohne Kopfbedeckung betreten.

Auch Frauen und Mädchen tragen ein Kopftuch oder einen Schleier. Weil sie Gott im Haus dienen, brauchen sie dem Gottesdienst nur von der Empore aus zuzuschauen und auch nicht laut mitzubeten.

Die Männer und die Jungen versammeln sich im Hauptraum. Nach dem Eintreten gehen sie zuerst wieder drei Schritte zurück als Zeichen ihrer Ehrfurcht vor Gott.

Vor dem Thoraschrein, in dem die Schriftrollen aufbewahrt werden, brennen die Kerzen des siebenarmigen Leuchters. Ein Mann namens Juda geht nach vorn. Er stimmt das »Höre Israel...« an und alle Männer und Jungen sprechen mit: »Höre Israel! Der Herr ist unser Gott, der Herr allein. Du sollst den Herrn deinen Gott lieben mit deinem ganzen Herzen, mit deiner ganzen Seele und mit all deiner Kraft!« Juda betet noch weiter und gibt der Gemeinde den Segen.

Daraufhin holt der Synagogenvorsteher eine Schriftrolle aus dem Thoraschrein und trägt sie zum Lesepult. Er liest eine Stelle aus den Büchern Mose vor. Nachdem er geendet hat, warten alle, wer von den Schriftkundigen in der Synagoge das Wort ergreifen wird; denn jeder erwachsene Jude darf in der Synagoge predigen.

Nach dem Gottesdienst machen sich alle auf den Heimweg. Sie haben nun einen ruhigen, frohen Tag vor sich. Weder Menschen noch Tiere dürfen am Sabbat arbeiten und sich anstrengen.

Lassen sich die ersten Sterne am Nachthimmel sehen, wird vom Sabbat Abschied genommen. Es wird wieder Alltag.

Jesus und seine Botschaft: Wie Menschen darauf antworten

Zum Beispiel:
Simon, Andreas, Jakobus und Johannes
Als Jesus am See von Galiläa entlangging, sah er Simon und Andreas, den Bruder des Simon, die auf dem See ihr Netz auswarfen; sie waren nämlich Fischer. Da sagte er zu ihnen: Kommt her, folgt mir nach! Ich werde euch zu Menschenfischern machen. Sogleich ließen sie ihre Netze liegen und folgten ihm. Als er ein Stück weiterging, sah er Jakobus, den Sohn des Zebedäus, und seinen Bruder Johannes; sie waren im Boot und richteten ihre Netze her. Sofort rief er sie, und sie ließen ihren Vater Zebedäus mit seinen Tagelöhnern im Boot zurück und folgten Jesus nach.

Mk 1,16-20

Zum Beispiel: Der Zöllner Matthäus
Als Jesus weiterging, sah er einen Mann namens Matthäus am Zoll sitzen und sagte zu ihm: Folge mir nach! Da stand Matthäus auf und folgte ihm.
Und als Jesus in seinem Haus beim Essen war, kamen viele Zöllner und Sünder und aßen zusammen mit ihm und seinen Jüngern.
Als die Pharisäer das sahen, sagten sie zu seinen Jüngern: Wie kann euer Meister zusammen mit Zöllnern und Sündern essen? Er hörte es und sagte: Nicht die Gesunden brauchen den Arzt, sondern die Kranken. Darum lernt, was es heißt: Barmherzigkeit will ich, nicht Opfer. Denn ich bin gekommen, um die Sünder zu rufen, nicht die Gerechten.

Mt 9,9-13

Zum Beispiel:
Die geheilte Maria von Magdala und die reiche Johanna und Susanna
In der folgenden Zeit wanderte er von Stadt zu Stadt und von Dorf zu Dorf und verkündete das Evangelium vom Reich Gottes. Die Zwölf begleiteten ihn, außerdem einige Frauen, die er von bösen Geistern und von Krankheiten geheilt hatte: Maria Magdalena, aus der sieben Dämonen ausgefahren waren, Johanna, die Frau des Chuzas, eines Beamten des Herodes, Susanna und viele andere. Sie alle unterstützten Jesus und die Jünger mit dem, was sie besaßen.

Lk 8,1-3

Zum Beispiel:
Kinder, Hohepriester und Schriftgelehrte
Jesus ging in den Tempel und trieb alle Händler und Käufer aus dem Tempel hinaus; er stieß die Tische der Geldwechsler und die Stände der Taubenhändler um und sagte: In der Schrift steht: Mein Haus soll ein Haus des Gebetes sein. Ihr aber macht daraus eine Räuberhöhle. Im Tempel kamen Lahme und Blinde zu ihm, und er heilte sie.
Als nun die Hohenpriester und die Schriftgelehrten die Wunder sahen, die er tat, und die Kinder im Tempel rufen hörten: Hosanna dem Sohn Davids!, da wurden sie ärgerlich und sagten zu ihm: Hörst du, was sie rufen? Jesus antwortete ihnen: Ja, ich höre es. Habt ihr nie gelesen: Aus dem Mund der Kinder und Säuglinge schaffst du dir Lob? Und er ließ sie stehen und ging aus der Stadt hinaus nach Betanien; dort übernachtete er.

Mt 21,12-17

Zum Beispiel: Petrus
Jesus betete einmal in der Einsamkeit und die Jünger waren bei ihm. Da fragte er sie: Für wen halten mich die Leute? Sie antworteten: Einige für Johannes den Täufer, andere für Elija; wieder andere sagen: Einer der alten Propheten ist auferstanden. Da sagte er zu ihnen: Ihr aber, für wen haltet ihr mich? Petrus antwortete: Für den Messias* Gottes. Doch er verbot ihnen streng, es jemand weiterzusagen.

Lk 9,18-21

Jesus forderte die Menschen durch sein Leben und seine Worte zur Stellungnahme heraus.

◊ Was halten die verschiedenen Menschen von Jesus? Wie reagieren sie auf ihn und seine Botschaft?
Was hättest du gedacht und getan?
Findet andere Überschriften für die biblischen Texte!

◊ Im Text 63 wird beschrieben, wie Jesus sich verstanden hat und wer er für die Menschen sein wollte.
Wie könnte seine Botschaft für die Menschen heute klingen?
Wenn sich jede und jeder einen Satz überlegt, könnt ihr ein gemeinsames Plakat gestalten.

◊ Schau das Bild 63 genau an!
Wohin gehen die Blicke der Menschen? Welche Haltungen nehmen sie ein?
Wo möchtest du sitzen? Probiert es aus!

brandt van Rijn, um 1652

Der Geist des Herrn ruht auf mir; denn der Herr hat mich gesalbt.
Er hat mich gesandt,
damit ich den Armen eine gute Nachricht bringe;
damit ich den Gefangenen die Entlassung verkünde
und den Blinden das Augenlicht;
damit ich die Zerschlagenen in Freiheit setze.

Lk 4,18

Der Tod Jesu

Aus den Erzählungen vom Leiden Jesu (Passion*) erfahren wir, wie weit Jesus in seiner Zuwendung zu den Menschen gegangen ist. Bis in ihr tiefstes Leid ist er den Menschen gleich geworden, um so Frieden zu stiften zwischen Gott und den Menschen und den Menschen untereinander.

Alexej Jawlensky, 1927, 41,5 x 32 cm

Und es war schon um die sechste Stunde und Finsternis ward über das ganze Land hin – bis zur neunten Stunde. Die Sonne war verschwunden, zersplissen der Vorhang des Tempels mittendurch. Und mit gewaltiger Stimme schrie Jesus und sprach: Vater, in deine Hände übergebe ich meinen Geist. Als er das gesprochen hatte, hauchte er den Geist aus.

Als der Hauptmann gesehen hatte, was geschehen war, verherrlichte er Gott, indem er sagte: Wirklich, dieser Mensch war ein Gerechter!

Als all die Scharen, die sich zu diesem Schauspiel zusammengefunden, geschaut hatten, was da geschehen, schlugen sie sich an die Brust und wandten sich ab. Es standen aber alle seine Bekannten von Ferne, auch Frauen, die ihm von Galiläa her mitgefolgt waren, sahen das an.

Lk 23,44-49

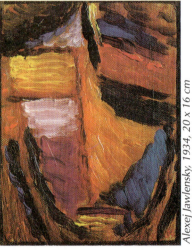

Alexej Jawlensky, 1934, 20 x 16 cm

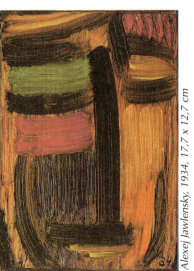

Alexej Jawlensky, 1934, 17,7 x 12,7 cm

◇ Hier findest du die Bilderserie eines berühmten russischen Malers. Du kannst die Veränderung der Formen und Farben verfolgen!
◇ Lies nun den oben stehenden Text!
Welche Farben würdest du den Menschen zuordnen, die darin vorkommen?

Alexej Jawlensky, 1937, 24,7 x 17 cm

Hoffnung...

Auf dem Weg...

Zwei von den Jüngern waren am selben Tag auf Wanderung nach einem sechzig Stadien von Jerusalem entfernten Dorf namens Emmaus. Auch die unterhielten sich miteinander über all diese Ereignisse. Da geschah es: Während sie sich unterhielten und stritten, war Jesus selbst genaht und wanderte mit ihnen. Aber ihre Augen waren gehalten, dass sie ihn nicht erkannten. Er sprach zu ihnen: Was sind das für Reden, die ihr da im Gehen miteinander wechselt? Da blieben sie stehen, verdrossen dreinblickend. Hob der eine namens Kleopas an und sprach zu ihm: Du bist der Einzige, der sich in Jerusalem aufhält und nicht erfahren hat, was in diesen Tagen darin geschehen ist. Und er sprach zu ihnen: Was denn? Sie sprachen zu ihm: Das mit Jesus, dem Nazarener, der ein Prophet war, kraftvoll in Tat und Wort vor Gott und allem Volk. Und wie ihn unsere Hohenpriester und Anführer dem Richtspruch zum Tode ausgeliefert haben und ihn kreuzigten. Wir aber hatten gehofft, dass er es sei, der Israel erlösen werde. Zu alldem hin aber lässt er diesen dritten Tag hingehen, seitdem das geschah. Jedoch einige Frauen von den unseren haben uns dazu gebracht, dass wir außer uns gerieten. Sie waren frühmorgens am Grab und als sie seinen Leib nicht gefunden, kamen sie und sagten: Sogar eine Erscheinung von Engeln hätten sie gesehen – die sagen, er lebe. Und da gingen einige von denen, die mit uns sind, zum Grab und fanden es so, wie die Frauen gesagt hatten. Ihn selbst aber sahen sie nicht...

Lk 24, 13-24

◊ Erzählt die Begegnung Jesu mit den beiden Jüngern weiter!
Vergleicht eure Geschichte mit dem Text aus dem Lukasevangelium 24,13-35.

Ostern vorbereiten und feiern

Aschermittwoch

Fasching, Fastnacht, Karneval ist vorbei. Konfetti, Luftschlangen usw. werden weggeworfen. Das erinnert uns daran, wie schnell alles vergehen kann. Für die Aschermittwochsfeier werden die Palmzweige des Vorjahres, die Zweige des Jubels, verbrannt. Der Priester segnet die Asche* und zeichnet damit ein Kreuz auf die Stirn aller, die zu dieser Feier kommen.

Fastenzeit

Menschen fasten, weil sie schlanker werden wollen oder weil es der Arzt verordnet hat.
Fasten macht aber auch die Seele leicht und frei. Das haben Menschen immer gewusst und auch deshalb gefastet.

Unsere Fastenzeit dauert 40 Tage. In der Bibel ist die Zahl 40 immer verbunden mit einer Zeit des Wartens oder des Vorbereitens. Mose war 40 Tage allein, um sich auf das Gespräch mit Gott vorzubereiten. Jesus fastete vor seinem öffentlichen Auftreten 40 Tage in der Wüste. Diese und andere Beispiele zeigen uns: Fasten kann bedeuten, auf etwas zu verzichten, um für Neues offen zu sein.

A - gi - os, o The - os. A - gi - os Is - chi - ros.
Hei - li - ger Her - re Gott. Hei - li - ger star - ker Gott.

A - gi - os A - tha - na - tos, E - le - i - son i - mas.
Hei - li - ger un - sterb - li - cher Gott, Er - barm' dich ü - ber uns!

Aus dem Osterlob der Kirche

*Frohlocket, ihr Chöre der Engel,
frohlocket, ihr himmlischen Scharen,
lasset die Posaune erschallen,
preiset den Sieger,
den erhabenen König.
Lobsinge, du Erde,
überstrahlt vom Glanz aus der Höhe.
Licht des großen Königs umleuchtet dich.
Siehe, geschwunden ist allerorten das Dunkel...
Dies ist die selige Nacht,
in der Christus die Ketten des Todes zerbrach
und aus der Tiefe als Sieger emporstieg...
O wahrhaft selige Nacht,
die Himmel und Erde versöhnt,
die Gott und Menschen verbindet...*

1. 2. Sur-rex-it do-mi-nus ve-re. Al-le-lu-ja, al-le-lu-ja.
3. 4. Sur-rex-it Chris-tus ho-di-e. Al-le-lu-ja, al-le-lu-ja.

Der Herr ist wahrhaft auferstanden, Halleluja.
Heute ist Christus auferstanden, Halleluja.

Was die Leute sagen...

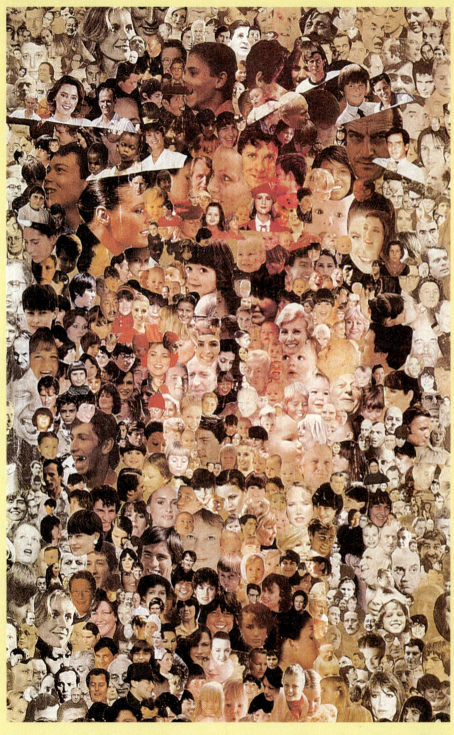

die lügner sagen
  er ist ein lügner
die dichter sagen
  er ist ein dichter
die propheten sagen
  er ist ein prophet
die revolutionäre sagen
  er ist ein revolutionär
die heiligen sagen
  er ist ein heiliger
die mächtigen sagen
  er ist gefährlich
die besitzenden sagen
  er ist ein kommunist
die nichtssagenden
  sagen nichts
die bürger fühlen
  sich beunruhigt
die liebenden sagen
  er empfindet wie wir
die verlorenen sagen
  er hat uns gefunden
die hungrigen sagen
  er ist unser brot
die blinden sagen
  wir sehen alles neu
die stummen sagen
  wir wagen es wieder
  den mund aufzutun
die tauben sagen
  es lohnt sich ihm
  zuzuhören
die lügner sagen
  er hat uns gemeint
die mächtigen haben
  das letzte Wort
  oder das vorletzte
  auf jeden fall
  weg mit ihm

wilhelm willms

Was sagst du?

Kirchen haben Geschichte(n)

5

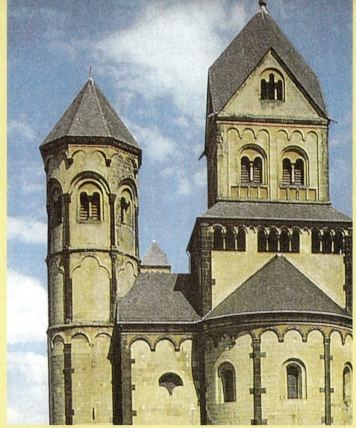

Romanik*

Barock*

1) Hoheit und Pracht sind vor seinem Angesicht, Macht und Glanz in seinem Heiligtum. *(Ps 96,6)*
2) Du bist meine Zuflucht, ein fester Turm gegen die Feinde. *(Ps 61,4)*
3) Dort baute er sein hoch aufragendes Heiligtum, so fest wie die Erde, die er für immer gegründet hat. *(Ps 78,69)*
4) Die Himmel rühmen die Herrlichkeit Gottes, vom Werk seiner Hände kündet das Firmament. *(Ps 19,2)*
5) So wird der Herr für den Bedrückten zur Burg, zur Burg in Zeiten der Not. *(Ps 9,10)*
6) Seht Gottes Zelt auf Erden! Verborgen ist er da; in menschlichen Gebärden bleibt er den Menschen nah. *(vgl. Ex 36,8-37)*
7) Der Himmel freue sich, die Erde frohlocke. *(1 Chr 16,31)*

◇ Diese Texte und die Baustile erzählen davon, wie unterschiedlich der Glaube der Menschen sein kann. Versucht die Sätze aus der Bibel den verschiedenen Baustilen zuzuordnen!

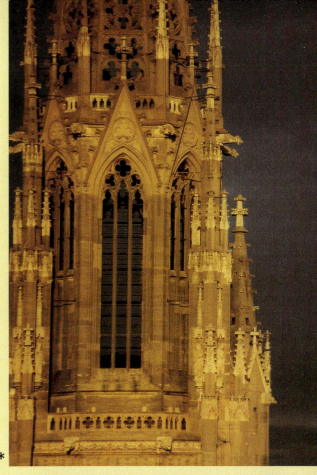

Gotik*

◇ Du siehst hier Bilder von unterschiedlichen Kirchen. Schau auch auf 71 nach. Vergleicht die Abbildungen mit eurer Pfarrkirche! Vielleicht könnt ihr auch Bilder mitbringen. Versucht die Bilder in eine zeitliche Reihenfolge zu bringen.

◇ Lest im Lexikonteil zu den Baustilen nach. Könnt ihr etwas über eure Kirche* herausfinden?

In die Kirche »hineinriechen« lassen!

Vielleicht geht es euch genauso: Wenn ihr in eine Wohnung kommt, die ihr nicht so gut kennt, dann ist vieles ungewohnt. Was einem meist zuerst auffällt: Es riecht anders – jedes Haus, jede Wohnung hat einen unverkennbaren Geruch. Probiert einmal aus, welchen Duft eure Kirche hat! Du kannst dir leise einen Platz suchen, die Augen schließen und behutsam die Luft durch die Nase einatmen...

Einige von euch können auch mit Streichhölzern einige Kerzen entzünden. Wie duftet es nun?

Am intensivsten ist es, wenn euch der Mesner ein Stückchen Kohle entzündet und jemand von euch etwas Weihrauch auflegt!

Neugierige Fragen stellen

In der Kirche gibt es viele Dinge, die aus dem Alltagsleben nicht bekannt sind. Auf einen großen Block kannst du mit Bleistift aufzeichnen, was dir auffällt: eine Jahreszahl in der Mauer..., die Schrift auf einer Tür oder auf einem Grabstein... Du kannst das Papier auch auflegen und vorsichtig das Muster durchreiben!

Findet euch nun zu zweit zusammen und vergleicht eure Entdeckungen. Schreibt eine Frage auf, auf die ihr eine Antwort finden möchtet. Sprecht mit eurer Religionslehrerin oder eurem Religionslehrer darüber!

Künstlerisch tätig werden

Wenn eine Kirche gebaut werden soll, planen die Erwachsenen gemeinsam mit einem Architekten und mit Künstlerinnen und Künstlern.

Lasst euch in Gruppen auf großen Blättern die Umrisszeichnung einer Kirche geben. Sammelt zuerst eure Wünsche: Wie müsste eure »Traumkirche« aussehen? Was ist nötig? Nehmt für die Malarbeit Wasserfarben oder Wachsmalkreiden! Hängt nun die Bilder an die Wände, geht herum und betrachtet sie. Bittet die anderen Künstlergruppen darum, ihr Bild zu erklären, wenn ihr etwas nicht versteht!

Ein Mobile bauen

Meistens kennt man nur wenige Menschen, die in der Pfarrgemeinde einen Dienst übernehmen. Auf **78 f.** findet ihr Leute und Gruppen, die in einer Pfarrei aktiv sind. Finde mit deinem Banknachbarn heraus, wie die Bilder und Sprechblasen zu den verschiedenen Tätigkeiten passen.

Sprecht mit eurer Lehrerin oder eurem Lehrer darüber, welche Dienste es in eurer Pfarrei gibt. Ihr könnt auch einige dieser Menschen in eure Klasse einladen und befragen.

Gestaltet ein »Dienste-Mobile«: Nehmt festes Papier oder Karton und schneidet die Ecken rund. Schreibt auf jedes Stück den Namen und den Dienst der Personen. Um den Faden an Ästen zu befestigen, stanzt in den Karton ein sauberes Loch. Hängt das Mobile an der Zimmerdecke auf!

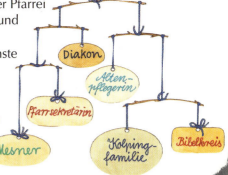

Ein Fenster »einfärben«

Sicher hast du in einer Kirche schon einmal wunderschön farbige Fenster gesehen. Oft zeigen sie Geschichten aus der Bibel oder bedeutende Personen. Auf **71**, **77** und **84** findest du verschiedene Beispiele. Ihr könnt ein Fenster eures Klassenzimmers wie ein Kirchenfenster gestalten: Nimm dazu einen Bogen Transparentpapier oder Butterbrotpapier und zeichne eine Figur oder eine Geschichte mit Bleistift vor. Im Kapitel 4 findest du Ideen dazu...

Mit bunten Filzstiften kannst du alle Flächen bis zum Papierrand ausfüllen. Die Bleistiftlinien zeichnest du am besten mit schwarzem Filzstift dick nach. Klebt dann die Blätter an eine Fensterscheibe und trennt die einzelnen Werke durch schwarze Papierstreifen voneinander ab. Beobachtet das große Fensterbild, wenn die Sonne darauf scheint...!

Den Glocken auf der Spur

Dass die Glocken jeden Tag läuten, merken wir oft kaum noch. Und meist haben wir uns auch daran gewöhnt, dass die Glocke der Kirchturmuhr jede Viertelstunde schlägt, als wolle sie uns mitteilen, wie die Zeit verrinnt.

Wer die Glocken näher in Augenschein nimmt, wird Überraschendes feststellen: über ihre Größe und ihr Gewicht, über die Bilder und Worte, die auf ihnen zu lesen sind.

Erstellt einen Steckbrief der Kirchenglocken. Zeichnet dazu die Glocken auf große Plakate und tragt die Inschrift in schöner Schrift auf. Vielleicht könnt ihr den Klang mit einem Cassettenrecorder aufnehmen!

Von alten und jungen Baumeistern

Wie die Pleysteiner zu ihrer Kreuzbergkirche kommen

Es beginnt im Jahre 1746: Bei Malerarbeiten wird ein altes, schadhaftes Kreuz gefunden. Der Malermeister darf es mitnehmen und gibt es an einen Schreiner weiter. Dieser richtet es wieder her. Ein Künstler hilft dabei, weil der Körper am Kreuz ohne Kopf und ohne Arme ist. Der Schreiner bringt das reparierte Kreuz schließlich auf einen kleinen Berg und befestigt es an einem Baum. Die Menschen, die vorübergehen, bleiben stehen – sie beten davor. Immer wieder kommen andere Menschen zum Gebet dorthin – in die Natur, mit dem Blick über das Land.

Irgendwann beginnen die Menschen dort regelmäßig Gottesdienste zu feiern und schließlich wünschen sie sich, dass eine Kirche gebaut werden möge.

Alle, die mit ihren Hoffnungen und Sorgen zum Kreuz gehen, sind bereit, am Bau der Kirche mitzuwirken. Es wird Geld gesammelt und nun muss nur noch um Erlaubnis ersucht werden. Der Pfarrer des Ortes schreibt an seinen Bischof folgenden Brief:

»Ich bitte um Erlaubnis, eine Kirche bauen zu dürfen. Viele haben bereits etwas gespendet, und immer mehr wollen dies noch tun. Einige aus den umliegenden Orten haben versprochen, ohne Lohn zu arbeiten und bei dem Bau mitzuhelfen. Andere sind bereit, gratis Steine, Holz und Sand bereitzustellen...
Pleystein, den 6. November 1779.«

Nur zwei Wochen später stimmt der Bischof dem Bau der neuen Kirche zu. Dennoch dauert es 34 Jahre, bis der Bau der Kirche beginnt. Der Berg nämlich, auf dem die Kirche stehen soll, muss erst erworben werden. Schließlich kann am 1. Juni 1814 der Grundstein gelegt werden unter Trompeten- und Paukenschall und der Anteilnahme der Pleysteiner und der Menschen aus den umliegenden Dörfern.

Nun geht es richtig los. Doch die Arbeit ist mühsam, da man keine Wagen einsetzen kann – der Weg ist zu steil. So muss alles von Hand hinaufgetragen werden: Baumaterial für eine ganze Kirche. Die Wasserbeförderung übernehmen die Schulkinder, die in einer Eimerkette das Wasser aus dem Weiher nach oben reichen. Am Transport der Steine beteiligt sich die ganze Bevölkerung. Hausfrauen, Handwerker und Dienstboten arbeiten oft bis in die Nacht hinein, um das Baumaterial für den nächsten Tag bereitzustellen. Wenn am Abend ein Mann mit einem Eimer an einer Stange um die Stadt herumgeht, dann brechen alle zur gemeinsamen Arbeit auf. Sein Ruf ist schon bekannt:

»Wer will einen Teil am Himmel haben, muss auf den Berg das Wasser tragen.«

Nach vielen gemeinsamen Anstrengungen wird die Kreuzbergkirche endlich eingeweiht. Die Pleysteiner sind begeistert; alle feiern mit.

Auch die weitere Geschichte ist bewegt: Durch ein Feuer, das sich im Dorf rasend schnell ausgebreitet hatte, brennt die Kirche bis auf die Grundmauern nieder. Sie muss völlig neu aufgebaut werden. Das Foto zeigt, wie sie heute aussieht.

◇ Was könnt ihr über eure Kirche in Erfahrung bringen? Ein Tipp: Vielleicht gibt es einen kleinen Führer oder sogar eine Chronik*! Jemand aus der Pfarrei kann euch hier sicher gut weiterhelfen!

Kirche leben

Kirchenpfleger*

Kindergottesdienstkreis

> Ich gehe oft zu den alten und kranken Menschen. Sie freuen sich, wenn ich komme; dann ist es ihnen nicht langweilig. Und sie freuen sich auch, wenn ich ihnen beim Einkaufen, Kochen und Saubermachen helfe.

Pfarrer*

Missionskreis

Religionslehrerin

Mesner

Pastoralreferent*

Bibelkreis

Kolpingfamilie

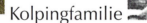

Lektorin*

> Meine Arbeit ist sehr vielfältig. Nachmittags kommen Kinder oder Jugendliche in unsere Jugendgruppen. Wir spielen zusammen oder machen Ausflüge und reden miteinander. Abends treffen sich die Erwachsenen. Wir überlegen zum Beispiel gemeinsam mit dem Pfarrer, wie wir die Gottesdienste gut gestalten können.

Kaplan*

> Heute Nachmittag ist noch eine Trauung – da muss ich vorher die Kirche schmücken.
> Und am Abend findet ein Wortgottesdienst statt mit einer Lichterfeier. Dazu brauchen wir zweihundert kleine Kerzen. Ich muss nochmal telefonieren, damit die Lieferung pünktlich ankommt.

Pfarrsekretärin

> Gleich treffe ich mich mit unserem Kindergottesdienstkreis.
> Anschließend sehen wir uns beim Pfarrgemeinderat!

Ministranten

Altenpflegerin

Diakon*

> Ich freue mich, dass ich bei den Ministrantinnen bin. Vielleicht darf ich am nächsten Sonntag den Weihrauch schwingen...!

Feiern und danken

Es ist Sonntag. Im Zentrum eines kleinen Ortes in Kolumbien stehen die Türen der Kirche weit offen. Viele Menschen haben sich dort an einem heißen Sommertag versammelt. Sie kommen von weit her, manche sind bis zu drei Stunden zu Fuß gegangen, um zum Gottesdienst zu kommen: Männer und Frauen, Kinder und Jugendliche, Alte und Kranke... Alle sind gekommen, um zu feiern und sich von den Strapazen der vergangenen Woche zu erholen. Sie wollen in dieser Stunde ihre Sorgen und Nöte, ihre Probleme und Mühen Gott anvertrauen. Denn so können sie wieder Hoffnung schöpfen und die Woche leichter beginnen.

Heute ist ein besonderer Tag. Endlich ist für diese Menschen wieder ein Priester da, der den Gottesdienst hält und mit ihnen feiert. Vorher kam ein Pfarrer aus einer Nachbargemeinde, aber nur selten. Doch jetzt haben sie wieder einen eigenen. Alle wollen ihn sehen, hören, kennen lernen!

Der Gottesdienst beginnt mit einem schönen Lied. Jetzt stellt sich der neue Priester vor und hält eine kurze Ansprache. Die Mütter nehmen die Kinder auf den Arm. Es soll ruhig werden. Der Priester geht zum Altar*, hält inne. Und dann geschieht etwas, was noch nie geschehen ist. Er wendet sich an die Gemeinde und sagt: »Ja, wir wollen gemeinsam Gottesdienst feiern. Aber wenn wir feiern, müssen wir auch wissen, warum wir feiern. Darum bitte ich euch, mir zu sagen, was wir feiern sollen.«

Es ist still in der Kirche. Was denkt sich der Priester wohl? Wir haben Sorgen und Ängste. Aber einen Grund zum Feiern? Und sollen wir denn hier, vor all den anderen Leuten reden? Vom Hunger und von der Arbeitslosigkeit, von den Problemen in der Familie, von den Sorgen im Alltag? Die anderen haben doch die gleichen Nöte!

Nach einer langen Zeit des Schweigens spricht der Priester wieder: »Ja, wenn wir keinen Grund zum Feiern haben, dann wollen wir auch nicht so tun als ob.« Und er beginnt die Kelche vom Altar wegzunehmen und sein Messgewand abzulegen.

Da kommt von ganz hinten aus der Kirche eine Stimme: »Wir, unsere ganze Familie, hat sich die ganze Woche satt essen können. Das will ich feiern.« Der Priester sieht auf. Langsam zieht er sein Gewand wieder an.

Und dann ist noch eine Stimme in der Kirche zu hören: »Ich hatte in diesem Monat genug Geld, das Schulgeld für meinen Sohn zu bezahlen.« – »Ich hatte solche Angst, dass ich krank werden würde, aber nun sind die Bauchschmerzen wieder weg.« – »Mein Mann hat in dieser Woche an jedem Tag Arbeit gehabt.« Immer mehr Leuten fällt ein, dass sie Grund haben, Gott zu danken. Und das zu feiern. Diesmal ist der Gottesdienst anders als sonst...

Andere Lieder wollen wir singen, feiern das Fest der Befreiung.
Der Herr führt uns in neues Land, die Träume werden wahr.

1. Als Israel aus Ägypten zog, wurde das Mahl zum Zeichen der Freiheit.
Wer vom Lamme aß, war mit im Bund und folgte dem Ruf zum Aufbruch. **Refrain**

2. Als Jesus lud zum Abendmahl, wurde das Mahl den Jüngern zum Zeichen.
Wer vom Brote aß und vom Weine trank, nahm teil an Tod und Leben. **Refrain**

3. Wenn heute Gemeinde zusammenkommt, wird das Mahl zum Zeichen der Hoffnung.
Wer von ihm isst und von ihm trinkt, der hat das Leben der Zukunft. **Refrain**

T: Alois Albrecht
M: Peter Janssens

◇ Durch die Geschichte auf ◂80▸ werden wir aufmerksam für das, wofür wir Gott danken können.
Plant und feiert einen Dank-Gottesdienst in der Klasse.
Im Buch findet ihr Anregungen dazu.

Bräuche in unserer Heimat

Johannisfest

Am 24. Juni wird der Tag der Sommersonnenwende gefeiert: die Tage sind am längsten, die Nächte am kürzesten. Danach werden die Tage wieder kürzer. Über das Frühjahr hat die Sonne die Erde immer weiter erwärmt, so dass nun der Sommer beginnt; genau genommen am 21. Juni, dem Mittsommertag. Denn in dieser Zeit hat die Sonne ihren höchsten Stand über der Nordhalbkugel der Erde erreicht; auf der Südhalbkugel hingegen ist es genau umgekehrt: am selben Tag beginnt dort der Winter.

Der große Sonnentag wird schon lange besonders gefeiert: Im Mittelpunkt stehen die Sonnenwendfeuer, die abends oder in der Nacht abgebrannt werden. Damit soll der Sommer feurig begrüßt werden und von alters her soll dadurch die Sonne »beschworen« werden, sich mit ihrem Licht und ihrer Leben spendenden Kraft nicht von der Erde zurückzuziehen.

Wie aber kommt es dazu, dass dieses Fest der Sommersonnenwende auch das Johannisfest genannt wird? Hier hilft ein Blick in das Neue Testament* weiter.

Bevor Jesus begann, in der Öffentlichkeit zu reden, trat nach den Erzählungen der Evangelien mit Johannes dem Täufer ein Mann auf, der das Kommen Jesu ankündigte. Sich selbst bezeichnete er nur als den Vorläufer.

In den Geschichten über die Kindheit Jesu heißt es von Johannes, dass er ein halbes Jahr älter als Jesus war. Als nun das Fest der Geburt Jesu auf die Nacht vom 24. zum 25. Dezember festgelegt wurde, rechnete die Kirche sechs Monate zurück und datierte das Johannisfest auf den 24. Juni.

Aus dem Munde des Johannes ist auch das Wort über Jesus Christus überliefert:

»Er muss wachsen, ich aber muss kleiner werden.«

(Joh 3,30)

Dies passt nun sehr schön auch zu dem Mittsommerfest; denn die Tage werden ja von nun an wieder kürzer. Deshalb wird das Sonnenwendfest auch am 24. Juni, dem Johannistag gefeiert, und nicht bereits drei Tage vorher am Sommeranfang, wenn die Sonne tatsächlich am höchsten steht.

Bildstöcke und Wegkreuze

An vielen Orten stehen kleine Denkmäler aus Holz oder Stein. Diese Bildstöcke dienen als Wegzeichen oder Begrenzungen, kennzeichnen bei der Fronleichnamsprozession die Stationen oder zeigen die Nähe von Wallfahrtsorten* an. Vor allem in Franken gibt es einige tausend dieser Säulen.

An manchen Stellen werden auch Wegkreuze aufgestellt, auf dem Land ebenso wie in der Stadt. Meist gibt es dafür einen bestimmten Anlass: Zeichen des Dankes für die glückliche Heimkehr aus dem Krieg, aber auch oftmals Erinnerungszeichen an Men-

schen, die durch ein Unglück gestorben sind. Oft findet man auch Kreuze, auf denen die Namen von Kindern oder Jugendlichen stehen, die durch einen Verkehrsunfall getötet wurden.

Aufnahme Marias in den Himmel

Am 15. August feiern wir das Fest der Aufnahme Marias in den Himmel. Dieses Fest ist über 1000 Jahre alt. Christen feiern, dass Maria am Ende ihres Lebens mit Leib und Seele in den Himmel aufgenommen wurde.

An diesem Tag bringen viele Menschen Kräuterbüsche in die Kirche, die im Gottesdienst gesegnet werden. Die Entstehung dieses Brauchs liegt weit zurück. Schon immer hatten Menschen Ehrfurcht vor den Pflanzen und deren heilender Kraft.

Zur Zeit dieses Festes steht die Natur in höchster Blüte. Weil Maria Jesus, das Heil der Welt, geboren hat, liegt es nahe, ihr zu Ehren Blumen und Kräuter zu sammeln.

Die Zusammenstellung der Kräutersträuße ist verschieden, je nachdem, welche Heilpflanzen in der Gegend wachsen, zum Beispiel Johanniskraut, Schafgarbe, Kamille, Königskerze, Eisenkraut, Rainfarn, Beifuß, Wermut und Pfefferminze.

Erntedank

Es ist nicht selbstverständlich, dass aus einem kleinen Samenkorn eine neue Pflanze mit ihrer Frucht entsteht. Es ist nicht selbstverständlich, dass die Erde Frucht hervorbringt und die Ernte gut wird.

Deshalb feiern Menschen im Herbst ein Fest als Dank für die Ernte, und dies auch schon vor der Zeit des Christentums.

Die Vorbereitungen für das Erntedankfest beginnen schon sehr früh im Sommer: Kaum ist das erste Getreide geerntet worden, wird davon etwas zur Seite gelegt. So sammeln sich über den Sommer die unterschiedlichen Erntesorten an. Sie werden zum Erntedankfest in die Kirche gebracht und vor dem Altar aufgebaut. Besonderes Zeichen der mitgebrachten Gaben ist die Erntekrone, die kunstvoll gebunden und mit bunten Bändern geschmückt ist.

In manchen Orten hat man den ersten Erntewagen des Jahres vor die Kirche gefahren und gesegnet. Besondere Bedeutung haben auch die letzten geernteten Halme: Sie machen uns klar, dass eine gute Ernte auch ein Geschenk Gottes ist, für das es zu danken gilt.

In unserer Zeit kann man diese Dankbarkeit leicht vergessen; denn durch die Verwendung von Kunstdünger und Spritzmitteln ist eine ausreichende Ernte meist sicher. Heute besteht eine wichtige Aufgabe darin, die Menschen an die Verantwortung zu erinnern, die sie für eine gesunde Umwelt tragen.

Kirche gestalten

Fenster und Mosaiken

Lange Zeit war die Herstellung der bunten Glasfenster Handarbeit. Es gab zum Beispiel noch keine Maschinen, um die Glasscheiben zu zerteilen. Fast 1000 Jahre wurde so gearbeitet, wie es der Mönch Theophilus beschreibt:

»Mache dann ein Trenneisen am Herde heiß, welches allerorts dünn, am Ende dicker sei. Wenn es am dickern Ende glüht, setze es auf das Glas, welches du zerteilen willst, und in Kurzem wird sich der Anfang eines Bruches zeigen.

Wäre aber das Glas hart, so befeuchte es durch den Finger an der Stelle mit Speichel, wo du das Eisen aufgesetzt hast; wie dies nun sogleich springt, fahre mit dem Eisen so, wie du abtrennen willst, und die Spaltung erfolgt.«

Heute geschieht der Bau eines Kirchenfensters mit maschineller Hilfe, allerdings ist ein großer Teil immer noch Handarbeit. So wird bis heute in vielen Kirchen ein Fenster in seinen Einzelteilen durch Bleistreifen miteinander verbunden. Andere Künstler und Handwerker legen verschiedenfarbige Glasschichten übereinander, um sie anschließend im Ofen miteinander zu verschmelzen.

Neben der Glasmalerei wird auch bei der Herstellung eines Mosaiks mit farbigem Glas gearbeitet; allerdings sind es hier kleine Plättchen, oft nur 10 mal 10 Millimeter groß. Der Mosaizist setzt das Kunst-

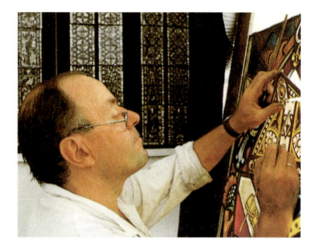

werk aus einer Vielzahl von Stücken zusammen, er kann dabei aus etwa 20.000 verschiedenen Farbvarianten wählen!

Die Arbeit des Mosaizisten verlangt Geduld und Ausdauer, und ebenso benötigt er eine gefühlvolle Hand, um die Mosaikstückchen mit dem Hammer durch vorsichtige Schläge in die passende Größe zu zerteilen.

Die Herstellung von Mosaiken hat eine mehr als zweitausendjährige Geschichte: Bereits in Griechenland und im Römischen Reich wurden Häuser und öffentliche Gebäude mit einem Mosaik ausgestattet. Damals wurden Marmor oder auch Steine in verschiedenen Farbtönen verwendet.

Glocken gießen

Bevor in einem Kirchturm die Glocken ihren Klang ertönen lassen können, müssen sie in der Gießerei gegossen werden. Dies geschieht seit vielen Jahrhunderten unter großen Mühen. Zuerst stellen die Handwerker einen Kern aus Ziegeln und Lehm her. Dieser Kern wird mit einer Schicht aus Wachs und Lehm umgeben – so stark, wie die spätere Glocke werden soll. Auf das Wachs trägt man Verzierungen auf, wie sie das Äußere der Glocke schmücken werden. Oft bringt man auch einen Segens- oder Glaubensspruch auf.

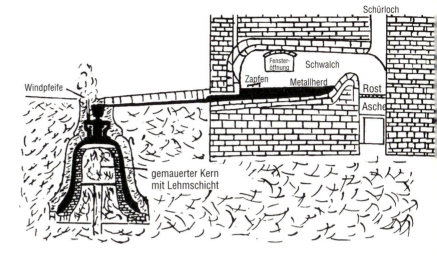

Dann wird ein Überzug aus vielen Lehmschichten angelegt: Die Glockengießer nennen ihn den Mantel. Beim Erhitzen der Form läuft das schmelzende Wachs aus und der Lehm wird trocken. Nun hebt man den Mantel ab und zerschlägt »die falsche Glocke«. Es bleibt ein Hohlraum zurück zwischen der äußeren Schale und dem Kern.

Die Glockenform wird nun in die Erde vergraben und mit dem Ofen verbunden, in dem Kupfer und Zinn gekocht werden. Von oben fließt diese Glockenbronze in die Form hinein: der Glockenguss. Weil die Bronze sehr langsam abkühlt, dauert es einige Wochen, bis die neue Glocke ausgegraben werden kann und die Form abgeschlagen wird – ein spannender Moment: Ist das Werk gelungen?

Schon seit vielen tausend Jahren kennen die Menschen die Glöckchen. Aber die großen, gegossenen Glocken gibt es erst seit dem 6. Jahrhundert nach Christi Geburt. Die Herstellung ist ein schwieriger Vorgang, der nicht immer sicher gelingt:

Manche Glocke durfte ihren Klang nie über das Land schicken, weil sie bereits nach dem Gießen zersprang. Andere haben viele Jahrhunderte in Städten und Dörfern gedient, bis sie durch ein Feuer oder beim Einsturz des Glockenturms zerstört wurden.

Wieder andere erfuhren ein trauriges Ende: In Kriegszeiten hat man sie aus den Kirchtürmen genommen, um aus ihrem Metall Waffen und Munition herzustellen.

Fest gemauert in der Erden
steht die Form, aus Lehm gebrannt.
Heute muss die Glocke werden!
Frisch, Gesellen, seid zur Hand!
Von der Stirne heiß
rinnen muss der Schweiß,
soll das Werk den
Meister loben.
Doch der Segen kommt von oben!

aus: Friedrich Schiller, Lied von der Glocke

Wozu ...

Die Sperlinge
Eine alte Kirche, welche den Sperlingen unzählige Nester gab, ward ausgebessert. Als sie nun in ihrem neuen Glanze dastand, kamen die Sperlinge wieder, ihre alten Wohnungen zu suchen. Allein sie fanden sie alle vermauert. »Zu was«, schrieen sie, »taugt denn nun das große Gebäude? Kommt, verlasst den unbrauchbaren Steinhaufen!«

Gotthold Ephraim Lessing

Das Haus ist hergerichtet.
Die Steine sind geschichtet.
Der Dachstuhl ist gesetzt.
Wen wird das Haus beschützen?
Wem wird es künftig nützen?
Wer nimmt hier Wohnung jetzt?
Der Mensch mag viel bewegen,
doch ohne Gottes Segen
ist sein Bemühen nichts.
Und jetzt – so lasst uns hoffen –
das Haus steht allen offen,
die ungeborgen sind;
die ihre Sorgen tragen,
und die nach Hilfe fragen,
ob Mann, ob Frau, ob Kind.

Josef Reding

... und wie?

Der österreichische Maler Friedensreich Hundertwasser sagt:

»Ich bin sehr glücklich – das schönste Geschenk, das ich in meinem Leben bekommen habe, dass ich diese Kirche habe gestalten können.«

◇ »Kirche ist für mich wie...« Notiere deine Einfälle in Stichworten in dein Heft. Überlege dir eine kurze Geschichte, in der diese Stichworte vorkommen, und schreibe sie auf!
Anschließend könnt ihr eure Texte vorlesen und über eure Meinungen sprechen!

Stellungnahmen

6

Not hat viele Gesichter

zuschauen

Wie viele Opfer?
Wie ist das genau passiert?
Gibt es davon Bilder?
Wer ist schuld?
Wer muss den Schaden bezahlen?
Wie kann ich mich vor so etwas schützen?

hinschauen

Was kann ich tun?
Wo kann ich helfen?
Wie geht es weiter?
Wie kann man so etwas verhindern?

Junge mit der Mütze

Wie alt mag er sein? Hat er vielleicht Geschwister? Wo könnte er wohnen? Was wünscht er sich für sein Leben?
Versuche einen Steckbrief mit Namen, Alter... für den Jungen mit Mütze auf ◀87 zu schreiben.
Lasst euch von eurer Lehrerin oder eurem Lehrer eine Kopie des Bildes geben und klebt sie auf eine Doppelseite. Malt, was er erlebt haben könnte.

Menschen in Not

Ihr seht auf ◀88 f. Bilder von Menschen, die in Notlagen sind. Erzählt dazu Geschichten! Ihr könnt auch aus Tageszeitungen Berichte und Bilder aussuchen und ein großes Plakat zum Thema gestalten.

Einen eigenen Bumfidel-Roman ausdenken

Schreibt folgende Worte aus der Geschichte 92▶ in euere Hefte: Mutter, Bruder, Freund, Licht, dunkel, weinen, vielleicht. Überlege dir zu jedem Wort einen Satz und bilde so eine neue Geschichte daraus. Schreibe diese Geschichte auf!

Ihr könnt euch auch zusammentun und abwechselnd je einen Satz schreiben. Wird daraus eine gemeinsame Geschichte? Wie wird sie enden?

Kümmerlich

Schau dir die Haltung des Mannes auf 93▶ genau an.
Wer kann sie nachstellen?
Versucht es und helft euch dann gegenseitig beim Aufrichten. Sprecht darüber, wie ihr euch in den verschiedenen Rollen gefühlt habt!
»Kummer machen, kümmern, kümmerlich, verkümmern, unbekümmert…« – was fällt euch dazu ein? Könnt ihr dies in Farben ausdrücken? Verwendet dazu eine ganze Heftseite oder ein Blatt von eurem Zeichenblock und malt mit Wachsmalkreiden oder Wasserfarben!

Hüttendorf

Einzelhütte

Jeder braucht drei Kartonstücke. Baut daraus jeweils eine Hütte. Wie lebt es sich in so einer Hütte? Sucht nun einen geeigneten Platz im Klassenzimmer und baut miteinander ein Hüttendorf. Was ist anders?

Zwei Hütten mit gemeinsamer Rückwand

Worauf es ankommt

Such dir aus dem Bibeltext 96 einen Satz aus, der dir besonders wichtig ist. Schreib deinen Satz auf einen Stoffstreifen. Verwebt die Streifen nun zu einem großen Wandteppich.

Reiche Länder – arme Länder

Teilt euch per Los in die reichen Industrieländer und in die ärmeren Länder auf entsprechend dem Bevölkerungsanteil (Tabelle):

Schüler	Industrieländer		Ärmere Länder	
	Menschen	Stühle	Menschen	Stühle
24	4	19	20	5

Nun verteilt die Stühle je nach Reichtum (Tabelle).
Vielleicht bringt jemand von euch etwas Schönes zum Essen mit, etwa eine Tüte Gummibärchen. Er soll sie so an euch verteilen, wie der Besitz in der Welt verteilt ist!
Beobachtet euch selbst, beobachtet eure Mitschülerinnen und Mitschüler. Sprecht anschließend über das, was euch aufgefallen ist.

Wie leben sie in…?

Kinder in Asien, Afrika oder Lateinamerika leben ganz anders als ihr. Ihr könnt euch Informationsmaterial von einem der kirchlichen Hilfswerke* schicken lassen. Vielleicht wollt ihr eine Expertin oder einen Experten in den Unterricht einladen?

Zuwendung hilft

Bumfidel sagt zu seiner Mutter,
er liegt schon im Bett und das Licht ist schon aus:
»Morgen kommt mein Bruder zu mir. Den bringe ich
gleich von der Schule mit. Der kann dann doch mit mir essen,
nicht wahr?«
Die Mutter macht das Licht gleich wieder an.
»Was sagst du da? Dreh dich mal um!«
Bumfidel blinzelt. Er spricht zur Wand.
Er will die Mutter jetzt nicht ansehen.
»Mach doch das Licht wieder aus«, sagt er.
Bumfidel sagt, was er sagen will, lieber ohne Licht.
Und die Mutter soll es auch lieber im Dunkeln hören.
Doch das will sie nicht.
Sie setzt sich an Bumfidels Bett.
»Guck mich mal an. Deinen Bruder, sagst du?
Du willst einen neuen Freund mitbringen. Na schön.
Wenn ich weiß, wer's ist. Nur schlepp mir hier nicht jeden an.«
Bumfidel will nicht weinen, aber er weint.
»Es ist mein Bruder. Ich hab's ihm gesagt. Weil er zu Hause
dauernd gehauen wird. Und weil ein Bruder mehr ist als nur ein Freund.«
Die Mutter ist plötzlich still. An der Tür sagt sie.
»Bring ihn nur mit. Vielleicht stelle ich euch noch einen Pudding hin.«

Marieluise Bernhard-von Luttitz

Die Kümmerlichen

Kümmerlich
das ist einer
um den sich keiner kümmert

Das Wort kommt
von Kummer
demnach ist kümmerlich

der dessen Kummer
keinem sonst
Kummer macht

außer anderen Kümmerlichen
um die sich
auch keiner kümmert

Erich Fried

Z.B. auf den Philippinen…

Ana ist 11 Jahre alt.

Mit ihren Eltern und ihrem Bruder Noel ist sie vor kurzem nach Manila gekommen.

Früher hatten sie ein kleines Reisfeld und einen Wasserbüffel. Es langte eben so zum Leben. Aber nach einer schlechten Ernte mussten die Eltern Schulden machen. Und als auch die nächste Ernte von einem Taifun zerstört wurde, konnten sie nicht mehr zahlen und mussten das Land dem Geldverleiher überlassen.

So kamen sie also in die große Stadt, ohne Geld zwar, aber mit der Hoffnung auf ein neues Zuhause.

Du könntest Ana sein oder Noel. Dann würdest du so leben!

Überschwemmung im Slum:
Trotz allem lassen sie sich nicht unterkriegen:
Sie machen aus ihrer Situation das Beste!

Nun leben sie in einer Hütte, die sie aus altem Holz, Werbetafeln, Plastikplanen und ein wenig Wellblech gebaut haben. Irgendwo zwischen den vielen Hütten von Menschen, denen es ähnlich ergangen war.

Aber sie haben:

Krankheiten
schlechte Ernährung
Arbeitslosigkeit
schlechte Jobs
keine Schule
kein Geld

Raus aus dem Teufelskreis!

Vielleicht findet ein Familienmitglied Arbeit im Ausland und kann Geld heimschicken.

Wer großes Glück hat, kann kostenlos zur Schule gehen.

Einigen bleibt keine Wahl: Sie müssen ins Ausland fliehen, weil sie in ihrer Heimat verfolgt werden.

Irgendwie geht es immer weiter: Trotz der Armut, trotz der Ungerechtigkeit geben sie nicht auf. Sie halten zusammen und versuchen ihre Lage zu verbessern.

... und bei uns?

Da ist was faul in unserer Welt!

Wir müssen was tun! Aber was?

Was ist Solidarität*?

Flüchtlingen bei uns helfen
Nach einem Besuch im Asylbewerberheim haben Schülerinnen und Schüler, Eltern und Heimbewohner zusammen ein Sommerfest gefeiert. Seitdem spielen die Kinder aus dem Heim immer mit.

Auf Unrecht aufmerksam machen
Mit dem gesammelten Informationsmaterial, den Briefen und Fotos, die sie von Schwester Marissa zugeschickt bekamen, gestalteten die Schüler in der Pfarrei eine Ausstellung zum Weltmissionssonntag*, die im Familiengottesdienst vorgestellt wurde.

Projekte unterstützen
Die Einnahmen aus dem Weihnachtsbazar wurden an die Gemeinde von Sr. Marissa geschickt. Damit wird Kindern geholfen, die nicht mehr in die Schule gehen können und arbeiten müssen.

Bescheid wissen
Seit dem Vortrag von Schwester Marissa aus den Philippinen schreiben sich Schüler aus der Klasse 5b mit Schülern aus Schwester Marissas Schule Briefe. Alle Zeitungsausschnitte über dieses Land werden in der Klasse gesammelt. So wird über die Lage der Freunde auf den Philippinen immer wieder gesprochen.

> Wenn die Erste Welt mal so leben würde wie die Dritte*, würden wir mal sehen, wie das ist. Das wäre für einige Zeit gerecht.
> Vanessa

T: Alois Albrecht
M: Ludger Edelkötter

Jetzt ist die Zeit, jetzt ist die Stunde.
Heute wird getan, oder auch vertan,
worauf es ankommt, wenn Er kommt.

1. Der Herr wird nicht fragen:
Was hast du gesagt, was hast du
alles versprochen? Seine Frage
wird lauten: Was hast du getan,
wen hast du geliebt um
meinetwillen?

Denn ich war hungrig, und ihr habt mir zu essen gegeben;
ich war durstig, und ihr habt mir zu trinken gegeben;
ich war fremd und obdachlos, und ihr habt mich aufgenommen;
ich war nackt, und ihr habt mir Kleidung gegeben;
ich war krank, und ihr habt mich besucht;
ich war im Gefängnis, und ihr seid zu mir gekommen.

Dann werden ihm die Gerechten antworten:

Herr, wann haben wir dich hungrig gesehen und dir zu essen gegeben, oder durstig, und dir zu trinken gegeben?

Und wann haben wir dich fremd und obdachlos gesehen und aufgenommen, oder nackt und dir Kleidung gegeben?

Und wann haben wir dich krank oder im Gefängnis gesehen und sind zu dir gekommen?

Darauf wird der König ihnen antworten:
Amen, ich sage euch:
Was ihr für einen meiner geringsten Brüder getan habt, das habt ihr mir getan.

Mt 25,35-40

»He guckt mal, die da!« »Wie sehen die denn aus?« »Wir sind Sternsinger. Wir wünschen den Menschen Gottes Segen für das neue Jahr und sammeln Geld, damit Kinder in anderen Ländern leben können.« »Das wär mir zu anstrengend. So lange durch die Kälte laufen, und das noch für andere – nein danke.«

»Wir kamen zu einer Frau, die vor ein paar Jahren aus Russland übergesiedelt war. In der Wohnung hielten sich an dem Tag noch zwei Familien auf, die gerade aus Russland angekommen waren. Für diese Familie war unser Sternsingerbesuch eine besonders große Freude. In aller Eile wurden die Kerzen am Tannenbaum angezündet, und wir sangen gemeinsam die uns bekannten deutschen Weihnachtslieder. Die Erwachsenen konnten vor Rührung fast nicht mitsingen. Aber der Händedruck an der Tür sagte alles...«

»Schön, dass ihr kommt. Wir haben schon den ganzen Nachmittag gewartet. Kommt rein!«

»Wo habt ihr denn eure Sammelbüchse? Und singt doch noch ein Lied!«

Glück, ich die Türe aufgemacht habe!

»Der wichtigste Grund, beim Sternsingen mitzumachen, ist unser Wunsch, selbst etwas gegen die Armut in vielen Ländern zu tun. Deshalb lesen wir Geschichten von Kindern, damit wir den Leuten erklären können, warum und wofür wir um Gaben bitten.«

»Es war bitter kalt. Plötzlich begann es zu regnen, so dass Straßen und Gehwege in kurzer Zeit spiegelglatt waren. Wir wollten schon aufgeben, da stürzte der zehnjährige »König Melchior« auch noch und brach sich den linken Arm. Traurig gingen die anderen Sternsinger nach Hause. Aber am nächsten Morgen stand unser »König Melchior« wieder da, den Arm in Gips, als wäre nichts gewesen. Da zogen wir alle wieder los, trotz Glatteis und Kälte.«

Gerechtigkeit?

Ein Beispiel aus Indien

In Indien müssen viele Kinder schon in jungem Alter arbeiten (Kinderarbeit*), damit die Familie genug zu essen hat. Sie gehen z.B. in eine Ziegelei, wo sie Ziegel zu den Brennöfen schleppen müssen. Die Arbeit beginnt um fünf Uhr früh und endet erst, wenn es dunkel wird. Für jeden Ziegel erhalten sie eine Plastikmünze. Je mehr Ziegel sie tragen können, desto größer ist ihr Gewinn. Abends werden dann die Münzen gezählt und ihre Anzahl wird in einem Buch aufgeschrieben. Erst am Ende des Monats bekommen die Kinder ihr Geld. Aber zuerst zieht der Aufseher die Kosten für ein kärgliches Essen davon ab. Was noch übrig bleibt, geben die Kinder den Eltern. Weil die Arbeitsstelle oft weit von der Wohnung der Eltern entfernt ist, müssen die Kinder in primitiven Bretterverschlägen in der Nähe des Ofens schlafen. Bei so einem Leben ist an Schulbesuch oder Spielen nicht mehr zu denken.

◇ Untersucht einen Ziegelstein genau: Wie fühlt er sich an? Wie riecht er? Haltet ihn auch längere Zeit in euren Händen (mit ausgestreckten Armen) und spürt sein Gewicht. Zeigt nun den anderen Schülerinnen und Schülern eure Hände!

Arm sein bei uns

Immer mehr Familien geraten durch Arbeitslosigkeit in die Armut. Oft sind es auch Kinder, die mit anpacken müssen und etwas zum Lebensunterhalt der Familie beitragen. So berichtet der 14-jährige Hendrik: »Nachdem meine Eltern entlassen wurden, habe ich mir einen Job gesucht. Ich trage nun Zeitungen aus, dafür bekomme ich regelmäßig etwas Geld im Monat.«

Welt-Handel?

Wusstet ihr, dass eine Tafel Schokolade in unseren Läden seit 25 Jahren kaum teurer geworden ist? Viele andere Lebensmittel kosten heute inzwischen doppelt so viel. Aber eine Tafel Schokolade gibt es immer noch zum alten Preis. Wenn ihr Glück habt und ein Sonderangebot erwischt, dann ist sie noch billiger.

Das ist ganz erstaunlich, denn der Kakao muss einen sehr weiten und teuren Weg von Afrika, Asien und Mittelamerika nehmen, bis er hier in die Fabriken kommt. Und Deutschland braucht viel Kakao, denn hier wird die zweitgrößte Menge der Welt an Schokoladenwaren hergestellt. Wie ist es dann möglich, dass die Preise so niedrig sind?

Der Grund liegt vor allem darin, dass an die Produzenten des Kakaos nur wenig Geld bezahlt wird. Man versucht, den Kakao möglichst günstig einzukaufen. Andererseits sind andere Waren, zum Beispiel Autos, in diesen Ländern immer teurer geworden.
Was sollen aber die Kakaobauern mit ihren Familien machen, wenn man ihnen für ihren Kakao immer weniger bezahlt und der Lebensunterhalt immer teurer wird?

Gerechte Strukturen

Gott fordert die Menschen nachdrücklich dazu auf, aus Erbarmen zu handeln und sich für Recht und Gerechtigkeit einzusetzen.
Deshalb bemühen sich Christen um Arme, aber auch um gerechte Strukturen in der Gesellschaft, die geeignet sind, Armut zu verhindern.

Aus dem gemeinsamen Sozialwort der Deutschen Bischofskonferenz und des Rates der Evangelischen Kirche in Deutschland

Das »Haus der Rechte« ist in vielen Ländern der Erde noch im Rohbau.

Jedes Kind hat ein Recht auf...

Gleichheit – unabhängig von Rasse, Geschlecht, Religion, Herkunft und körperlicher Entwicklung.

eine gesunde geistige und körperliche Entwicklung.

einen Namen und eine Staatsangehörigkeit.

genügende Ernährung, Wohnung und ärztliche Betreuung.

besondere Betreuung, wenn ein Kind behindert ist.

Liebe, Verständnis und Fürsorge.

kostenlosen Unterricht, Spiel und Erholung.

sofortige Hilfe bei Katastrophen und Notlagen.

Schutz vor Grausamkeit, Vernachlässigung und Ausnutzung.

Schutz vor Verfolgung und auf eine Erziehung im Geiste weltumspannender Menschlichkeit und des Friedens.

Was kann ich dafür...

T: Alois Albrecht
M: Ludger Edelkötter

Klei-nes Senf-korn Hoff-nung, mir um-sonst ge-schenkt: wer-de ich dich pflan-zen, dass du wei-ter wächst?

> Man müsste so viel tun, aber leider...

Help!
This world is **my** world, this world is **your** world... This world is **one** world!

Ein chinesisches Sprichwort sagt:
Gib einem Hungernden einen Fisch,
und er wird einen Tag satt.
Lehre ihn fischen und sorge dafür,
dass ihn die anderen fischen lassen,
und er wird jeden Tag satt.

> Hilf dir selbst, dann hilft dir Gott!!!

Wenn ich nicht...,
wenn du nicht...,
wenn wir nicht...,
wie soll die Not dann gelindert werden?

Ich aber bin arm und gebeugt. Eile, o Gott, mir zu Hilfe!
Ps 70,6

◇ Schreibt zu den drei Satzanfängen eigene Texte, lest sie euch vor und überlegt, welche davon getan werden könnten.

◇ Du weißt nun viel über die Not in der Welt. Lies die Sätze auf dieser Seite. Wähl einen Satz aus, der deine Meinung widerspiegelt, und schreibe ihn in dein Heft.
Vergleicht miteinander, wie ihr in eurer Klasse gewählt habt! Nennt Gründe für eure Wahl!

◇ Betrachte nochmal das Bild vom Jungen mit der Mütze auf 87. Welche Fragen könnte er stellen? Was würdest du ihm gerne antworten?

...tun?

Projekt
Wir erkunden eine Kirche

Sabine, eine Schülerin der Klasse 5 b, erzählt: »Am Anfang waren wir alle sehr überrascht, als unsere Religionslehrerin das Wort *Projekt* an die Tafel schrieb. Wir konnten uns eigentlich nichts darunter vorstellen. Sie hat es uns genau erklärt: Bei einem Projekt nimmt man sich viel Zeit für ein Thema, man arbeitet in kleinen Gruppen und erforscht eine Sache ganz gründlich. Aber wir haben erst bei unserem Projekt gemerkt, wie das genau geht.

Zuerst haben wir überlegt, was wir in unserer Klasse eigentlich bearbeiten wollen. Frau Held hat uns dabei geholfen, ein Thema zu finden.

Ideen sammeln

Wir haben in unserem Reli-Buch das Kapitel 5 durchgeblättert (◂71 bis ◂86) und Ideen gesammelt. Jedes Kind hat dann drei Papierstreifen bekommen und auf jeden Streifen ein Thema geschrieben, das es interessiert, zum Beispiel Weihrauch oder Altar oder Glasfenster oder Kirchturm. An der Tafel haben wir die Streifen geordnet.

Arbeitsgruppen bilden

Zusammen haben wir Themen ausgesucht, wie wir unsere Kirche erkunden wollen. Eine Gruppe wollte wissen, wie die Kirchenglocken klingen und wollte sie mit dem Kassettenrecorder aufnehmen. Eine andere Gruppe wollte feststellen, wie groß die Kirche ist und brauchte dazu das lange Bandmaß aus dem Sportunterricht...

Alle Gruppen haben überlegt, was sie für die Kirchenerkundung vorbereiten müssen.

Einen Zeitplan aufstellen

An der großen Seitentafel haben wir anschließend die Gruppen eingetragen. Wir haben überlegt, wie viele Stunden wir für unsere Kirchenerkundung hernehmen wollen und was einzelne Gruppen auch außerhalb der Schulzeit machen können. Dann wurde festgelegt, an welchen Tagen wir in die Kirche gehen. Und zum Schluss haben wir noch eingetragen, wann wir in der Klasse an unseren Ergebnissen weiterarbeiten wollten.

Die Erkundung durchführen

Zweimal haben wir unsere Religionsstunden in der Kirche verbracht und dort in unseren Gruppen gearbeitet. Weil Frau Held vorher mit dem Pfarrer* und dem Mesner gesprochen hatte, waren alle Türen offen. So konnte eine Gruppe sogar zu den Glocken und eine andere zur Kirchenorgel hinaufsteigen. Zum Glück war auch unser Musiklehrer dabei. Denn die Orgel ist sehr kompliziert gebaut, und unser Musiklehrer hat die meisten Fragen beantworten können. Bei einer anderen Gruppe war der Werklehrer dabei und hat mitgeholfen, in einem kleinen Eimer Gips für die Abdrücke anzurühren.

Eine Ausstellung aufbauen

Im Klassenzimmer haben wir dann in einigen Büchern nachgelesen, was wir an uns unbekannten Dingen gesehen hatten. Wir haben ein kleines Lexikon zu den Gegenständen angelegt, die uns in der Kirche aufgefallen sind.

Schließlich haben wir eine Ausstellungswand aufgebaut, um den anderen Klassen zeigen zu können, was wir kennen gelernt haben. Die waren überrascht!«

Übrigens:
Einige Ideen findet ihr auf den nächsten beiden Seiten!

Die Kirche vermessen

Die Kirche gehört zum Ortsbild. Wir haben uns an den Anblick gewöhnt und schauen oft gar nicht so genau hin.

Wie groß ist sie eigentlich? Ihr könnt sie mit einem Maßband aus dem Sportunterricht ausmessen. Wie viel Platz würde sie auf eurem Pausenhof einnehmen? Mit Hilfe eines Lineals und eines Winkelmessers könnt ihr auch die Höhe feststellen. Die Anleitung dazu gibt euch euer Lehrer.

Probiert einmal aus, den Grundriss der Kirche zu skizzieren. Mit einem Kompass könnt ihr die Himmelsrichtungen feststellen. Fällt euch dabei etwas auf?

Versucht abzuschätzen, wie viele Sitzplätze vorhanden sind. Ihr könnt dann ein Werbeplakat entwerfen: z.B. »Kommen Sie am Sonntag rechtzeitig zum Gottesdienst – es stehen nur... Sitzplätze zur Verfügung!«

Tasten und Fühlen

Wie wäre es, die Kirche einmal nur mit Hilfe eurer Hände zu erkunden? Tut euch zu zweit zusammen, einer von euch verbindet dem anderen die Augen. Der Sehende sucht nun im Kirchenraum einen fremdartigen Gegenstand, der sich gut mit den Händen ertasten lässt: ein Muster an der Kirchenbank, eine Figur... Sag dem anderen aber noch nicht, was du dir für ihn ausgesucht hast!

Führe ihn behutsam dorthin, ohne dass er anstößt. Nimm seine Hände und lege sie auf den Gegenstand. Lass ihm genug Zeit zum Fühlen und Tasten! Wenn der »Blinde« fertig ist, führe ihn wieder an den Ausgangspunkt zurück. Ihr könnt die Augenbinde wechseln, und nun darfst du tasten.

Schreibt dann all die Worte auf ein Blatt, die euch zu eurem Tasterlebnis einfallen! Bildet am Schluss einen Satz, der so anfängt: »Es hat sich angefühlt wie...«

Fragt jetzt erst euren Partner nach dem Gegenstand, und schreibt ihn in Schmuckschrift dazu!

Es braust und klingt

Von einer Orgel sieht man meistens nur die äußere Form. Sie ist in manchen Kirchen sehr kunstvoll gestaltet. Sucht euch in eurer Kirche einen Platz, von dem ihr die ganze Orgel überblicken könnt, und zeichnet auf, was ihr seht! Hinter dieser Außenseite ist noch viel mehr versteckt. Vielleicht gelingt es eurer Lehrerin, den Musiklehrer oder Organisten herbeizuholen, damit ihr einmal in die Orgel schauen könnt. Was gibt es da zu entdecken? Nehmt nun einen guten Kassettenrecorder und lasst euch verschiedene Töne vorspielen: den höchsten und tiefsten, den leisesten und lautesten Ton, Töne aus Metall- und aus Holzpfeifen oder auch verschiedene Klangfarben wie Flöten, Hörner, Zimbeln... Nehmt die Töne oder Melodien auf! Ihr könnt auch ausrechnen, wie viele Pfeifen eure Orgel* hat. Hilfen findet ihr dazu im Lexikon. Stellt für die anderen Schülerinnen und Schüler einen Bericht über die Orgel zusammen, bei dem es etwas zu sehen und zu hören gibt!

Was könnte das bedeuten?

Manche Dinge in der Kirche sind dir noch nicht bekannt: feine Schnitzereien an der Eingangstür, goldene Figuren an den Säulen, fremde Zeichen am Taufbecken. Sucht in der Kirche nach solchen Darstellungen, die euch interessant erscheinen, und versucht sie genau abzuzeichnen. Vielleicht könnt ihr auch die Oberfläche mit einem Bleistift auf das Papier durchrubbeln? Konzentriert euch dann auf das Kirchengebäude: Welche Besonderheiten gibt es an der ganzen Kirche zu entdecken? Hat vielleicht die Anzahl der Säulen eine besondere Bedeutung? Wie sieht die Kirche aus, wenn ihr sie von außen betrachtet? Will das Kirchendach etwas erzählen?

Aus Büchern und aus der Chronik* der Pfarrgemeinde erfahrt ihr, was es mit diesen besonderen Stellen auf sich hat. Vielleicht könnt ihr für andere Klassen ein Kirchenquiz entwerfen?

Eine Kirche planen

Bevor eine Kirche gebaut oder erneuert wird, machen sich die Leute in der Pfarrei viele Gedanken dazu. Stellt euch einmal vor, ihr wärt im Pfarrgemeinderat und könntet mit überlegen, wie die Kirche werden soll:

Sprecht in eurer Gruppe zuerst darüber, was unbedingt in die Kirche hineingehört, und macht euch Notizen. Wo sollte zum Beispiel der Altar stehen?
Ihr könnt dann überlegen, wie die Kirche sein müsste, damit ihr euch darin wohl fühlt. Wie soll man darin sitzen können? Wie würdet ihr die Wände oder die Fenster gestalten?
Ihr könnt nun einen Entwurf erstellen, wie es auch die Architekten machen. Malt, schreibt und zeichnet eure Ideen auf ein Plakat und sucht eine Überschrift!

Lexikon

Altar

In vielen Religionen bringen Menschen an einem Altar, das heißt »Erhöhung«, ihrem Gott Opfer dar, zum Beispiel Tiere oder Pflanzen als Brandopfer. Sie wollen ihrem Gott damit danken oder ihn gnädig stimmen, damit er ihnen beisteht.

Von Jesus wissen wir, dass Gott von uns keine solchen Opfer will. Wir sollen vielmehr zu den anderen Menschen barmherzig sein (Mt 9,13). Deshalb gab es bei den ersten Christen auch keinen Brandopferaltar, sondern nur einen hölzernen Tisch als »Tisch des Herrn«, an dem sie sich bei Brot und Wein zusammensetzten, um das Abendmahl zu feiern, wie es auch Jesus mit seinen Freunden getan hat. Dieser Tisch wurde zum Mittelpunkt der Kirche.

Erst später nannte man ihn auch Altar. Es ist der Ort, an dem Christen feiern, dass Jesus selbst sich für die Menschen hingegeben hat. In katholischen Kirchen sind die Altäre geweiht und es sind in ihnen Reliquien eingelassen, zum Beispiel Knochenstücke von Heiligen.

Asche

Menschen bestreuten sich als Zeichen der Trauer oder der Reue über begangenes Unrecht mit Asche, gingen »in Sack und Asche«. Dieser Brauch wird auch im Alten Testament erwähnt. Asche erinnert an die Vergänglichkeit alles Lebendigen.

Für Aschermittwoch wird die Asche aus den Palmzweigen des Palmsonntages vom Vorjahr gewonnen und ausgeteilt mit den Worten: »Bedenke, Mensch, dass du Staub bist und zu Staub zurückkehren wirst.«

In früheren Zeiten wurde Asche auch als Reinigungsmittel verwendet, zum Beispiel hat man damit Tische abgerieben.

Baal

Baal heißt übersetzt Herr. Die Nachbarvölker Israels bezeichneten so ihren Gott. In Mesopotamien, Syrien, Palästina bis nach Ägypten wurden wichtige Götter als Baal verehrt. Er wird oft mit Hörnern und langem Haar dargestellt. Die Menschen brachten Baal ihre Opfer dar; manche sagen, dass dazu auch Kinder gehörten (→ Moloch).

Im Alten Testament wird häufig davon berichtet, dass die Israeliten sich von ihrem Gott Jahwe abwenden und Baal als Gott des Regens und der Fruchtbarkeit verehren.

Babylonische Gefangenschaft

Israels Geschichte wurde oft von den mächtigen Nachbarn in Ägypten und Mesopotamien bestimmt.

Eine der schlimmsten Niederlagen war die gegen den König Nebukadnezzar aus Babylon im Jahr 587 v. Chr.

Die Stadt Jerusalem und der Tempel wurden zerstört und viele Israeliten wurden nach Babylon verschleppt. Für den Glauben an den Bund Gottes mit seinem Volk entstanden neue Fragen: Hat er seinen Bund gekündigt? Wird Israel nie mehr in das verheißene Land zurückkehren? In der babylonischen Gefangenschaft entstanden wichtige Schriften des Alten Testaments.

Prächtiger Innenraum der Wieskirche (→ Barock).

Barock

Wer eine Barockkirche betritt, hat den Eindruck, als komme er in einen festlich geschmückten Saal (*barocco* = schiefrunde Perle). In den Barockkirchen zeigt sich, wie die Menschen das Leben verstanden: als ein Fest der Erlösten, die sich hier schon freuen auf das Leben bei Gott. In der Zeit des Barock (1650 bis 1775) entstanden Kirchen, die reich verziert sind mit Bildern, Figuren und Farben. Sogar oben unter dem Dach wurden große Malereien an der Decke aufgebracht. Sie weisen auf die Freude am Leben hin, aber auch auf die Nähe des Todes.

Auch alte → romanische und → gotische Kirchen wurden später mit barocken Gemälden, Figuren und → Altären ausgestattet. Deshalb findest du heute in vielen Kirchen die Kennzeichen verschiedener Baustile.

Christi Himmelfahrt

Seit dem 4. Jahrhundert wird dieses Fest vierzig Tage nach Ostern an einem Donnerstag gefeiert. Die Zahlen 4 und 40 sind alte Zahlensymbole für die Welt und den Kosmos (vier Himmelsrichtungen, Jahreszeiten, Tageszeiten). Christen denken daran, dass der auferstandene Jesus Christus zu seinem Vater im Himmel zurückgekehrt ist, aber mit seiner Kraft und seiner Liebe den Menschen nahe bleibt. Im Neuen Testament wird in Lk 24,5-53 und Apg 1,9-11 von der Aufnahme Jesu in den Himmel erzählt.

Chronik

In einer Chronik werden all die Ereignisse aufgeschrieben, die zum Beispiel für eine Gemeinde wichtig sind. Der Name kommt aus dem Griechischen (*chronos* = die Zeit): Die Ereignisse sind in zeitlicher Reihenfolge aufgeschrieben worden. Ihr könnt euch in der Chronik informieren, wenn ihr etwas über die Kirche oder die Pfarrgemeinde wissen wollt (zum Beispiel über die Glocken in Kriegszeiten).

Darstellung des Herrn

Nach der Geburt brachten Maria und Josef ihren Sohn Jesus in den Tempel von Jerusalem, da für jede jüdische Familie das Gesetz galt: »Jede männliche Erstgeburt soll dem Herrn geweiht sein.« Ein Kind zu weihen bedeutet, dass es Gott zurückgegeben, dargebracht wird. Daraus leitet sich das Wort *Darstellung* ab.

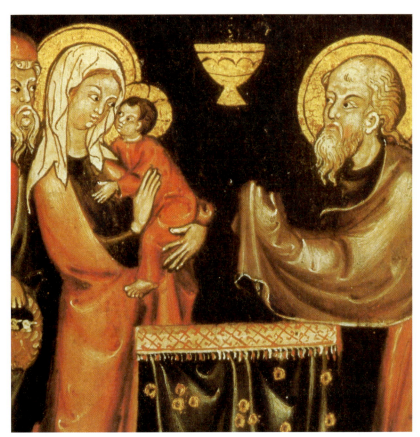

Nach seiner Geburt bringen Maria und Josef Jesus gemäß den Vorschriften des Gesetzes in den Tempel. Der alte Simeon lobt Gott, als er den Messias sieht (→ Darstellung des Herrn).

Dabei brachten Maria und Josef das Opfer dar, das für arme Leute vorgeschrieben war: ein Paar Turteltauben oder zwei junge Tauben. Zu der Zeit hielt sich auch ein alter Mann namens Simeon im Tempel auf. Sein Leben lang hatte er auf die Ankunft des Messias gewartet.

Beim Anblick Jesu rief er voller Freude aus: »*Nun lässt du Herr, deinen Knecht, wie du gesagt hast, in Frieden scheiden. Denn meine Augen haben das Heil gesehen, das du vor allen Völkern bereitet hast, ein Licht, das die Heiden erleuchtet, und Herrlichkeit für dein Volk Israel.*« (Lk 2, 29-32)

Dieser Lobgesang ist eines der schönsten Gebete im → Stundenbuch. ➡

Das Fest wird auch Maria Lichtmess genannt. Ein wichtiger Brauch an diesem Tag ist die Weihe der Kerzen und eine Lichterprozession in der Kirche.

Diakon

Das Wort Diakon kommt aus der griechischen Sprache und bedeutet übersetzt Diener. Der Diakon ist ein geweihter Mitarbeiter des Bischofs und des → Pfarrers. Zu seinen wichtigsten Aufgaben gehört es, den Menschen beizustehen, wenn sie in Not sind.

Bei einem feierlichen Sonntagsgottesdienst liest der Diakon das Evangelium; er darf auch die Taufe spenden und bei Ehesakrament und Begräbnis den → Priester vertreten, wenn er dazu beauftragt worden ist.

Dritte Welt / Eine Welt

Als »Dritte Welt« werden oft die armen Länder der Erde bezeichnet. Die »Erste Welt« sind demgegenüber die reichen Industrienationen, zu denen auch Deutschland gehört. Doch diese Begriffe sind nicht gut gewählt: Es entsteht ja der Eindruck, als ob die »Dritte Welt« eine ganz andere Welt sei, nicht einmal die nächste, sondern die übernächste. Dabei gibt es doch nur »Eine Welt« – mit wenigen reichen und vielen zum Teil sehr armen Ländern. Und alle sind mitverantwortlich für die gerechte Gestaltung dieser »Einen Welt«.

Es gibt zum Beispiel Läden, in denen du Waren (Spielzeug, Schokolade, Kaffee, aber auch Körbe und schöne Tücher und vieles andere) aus ärmeren Ländern zu gerechten Preisen kaufen kannst. Sie heißen deshalb Eine-Welt-Läden.

Erscheinung des Herrn

Dieses Fest, das am 6. Januar gefeiert wird, ist besser bekannt unter dem Namen Fest der Heiligen Drei Könige. Es wird auch Epiphanie genannt. *Epiphanie* ist ein griechisches Wort und heißt übersetzt aufleuchten oder durchscheinen. Denn im Matthäusevangelium lesen wir: *»... (es) kamen Sterndeuter aus dem Osten nach Jerusalem und fragten: Wo ist der neugeborene König der Juden? Wir haben seinen Stern aufgehen sehen und sind gekommen, ihm zu huldigen.«* (Mt 2, 1-12) Der Stern ist ein Zeichen, dass Jesus der ganzen Welt leuchtet.

Wegen der drei Gaben Gold, Weihrauch und Myrrhe haben die Menschen schon früh auf drei Könige geschlossen.

Ein beliebter Brauch an diesem Fest ist das Sternsingen: Kinder und Jugendliche ziehen als Könige verkleidet singend von Haus zu Haus und bitten um eine Spende für die Mission. Auf die Haustüren schreiben sie mit Kreide den Haussegen C+M+B, umrahmt von der Jahreszahl. Die Buchstaben stehen für die Namen der Könige: Caspar, Melchior, Balthasar. Siehe dazu auch ◂96 und ◂97! Die Buchstaben werden auch als Abkürzung gedeutet für »Christus mansionem benedicat«, das heißt: »Christus segne dieses Haus«.

In der Ostkirche gilt das Fest Erscheinung des Herrn als das eigentliche Geburtsfest Jesu. Die Christen in Griechenland, Rumänien oder Russland feiern also am 6. Januar Weihnachten.

Eucharistie

Manchmal treffen sich Verwandte oder Freund/innen zu einem gemeinsamen Essen, um einen Geburtstag oder einen Hochzeitstag zu feiern, um gemeinsam zu singen und zu tanzen, sich an ein wichtiges Ereignis zu erinnern und zusammen fröhlich zu sein.

Christen feiern gemeinsam Eucharistie. (*Eucharistie* kommt aus dem Griechischen und heißt Danksagung): Sie danken Gott für alles, was er durch Jesus für die Menschen getan hat. Dabei erinnern sie sich dankbar an den Tod und die Auferstehung von Jesus. In dem gemeinsamen eucharistischen Mahl wird Jesus gegenwärtig. Priester und Gemeinde werden in seine Gemeinschaft hineingenommen. Wenn der → Priester über die Gaben den Segen spricht, spricht er die gleichen Worte, die Jesus beim Letzten Abendmahl über Brot und Wein gesprochen hat. Brot und Wein werden damit zum sichtbaren Zeichen dafür, dass Christus »mit Leib und Blut« bei den Menschen ist. Christinnen und Christen wissen: Wann immer sie im Namen von Christus versammelt sind, ist er mitten unter ihnen.

Gemeindereferent/in

→ Mitarbeiter/in in der Gemeinde

Gespräch

Wenn Menschen miteinander reden, geht manchmal etwas schief. Das liegt oft daran, dass sie Sätze verwenden, die nicht genau stimmen. Solche Sätze hören sich so an: »Du machst immer, was du willst!« oder: »Du machst alles falsch«, oder auch: »Jedes Mal, wenn wir zusammen spielen, hast du keine Lust.« Dann kommt es meist zu einem Streit. *Immer, alles, jedes Mal* – das sind Worte, die wie Weichensteller wirken: Wer sie gebraucht, muss damit rechnen, dass der oder die andere sich falsch verstanden fühlt. Dies wird anders, wenn alle genau darauf achten, welche Worte sie verwenden. Denn Menschen, die miteinander sprechen, müssen voreinander auch Respekt haben.

Gotik

Die gotischen Kirchen sind die Meisterwerke der Baukunst im Mittelalter. Die Linien der Türen und Fenster laufen in einem Bogen aufeinander zu und treffen sich in der Spitze: die Spitzbögen entstehen. Alle Linien lenken beim Betrachten den Blick nach oben. Das Kirchendach, das sich über die Kirche spannt, wird nur durch Pfeiler abgestützt. Das Tageslicht fällt durch farbige Fensterflächen in den Innenraum der Kirche. In Frankreich entsteht dieser Baustil, die gotische → Kathedrale (1250 bis 1450). Sie erzählt vom Glauben der Menschen: So wie die Säulen den Blick nach oben lenken, so wenden sich die Menschen Gott im Himmel zu.

St. Peter in Regensburg mit hoch aufstrebenden Türmen (→ Gotik).

Diese Darstellung aus dem 12 Jh. zeigt, was im Johannesevangelium erzählt wird: Jesus wäscht den Aposteln die Füße zum Zeichen, dass er als Diener in die Welt gekommen ist und auch wir einander dienen sollen (→ Gründonnerstag).

Gründonnerstag

Der Name stammt möglicherweise von *greinen* (= weinen) und erinnert an das letzte Abendmahl, das Jesus mit seinen Jüngern gefeiert hat und mit dem er uns die → Eucharistiefeier aufgetragen hat. In vielen katholischen Gottesdiensten wird an diesem Tag die Fußwaschung vollzogen: Der → Priester wäscht zwölf Gemeindemitgliedern die Füße, wie es Jesus nach dem Johannesevangelium (Joh 13,1-11) getan hat. Er setzt damit ein Zeichen, dass er der Gemeinde dient, und verdeutlicht so das Wort Jesu:

»Denn der Menschensohn ist nicht gekommen, um sich bedienen zu lassen, sondern um zu dienen und sein Leben hinzugeben als Lösegeld für viele.« Mt 20,28

Gruppen in Israel

Zur Zeit Jesu gab es in Israel mehrere religiöse Gruppen, zum Beispiel:

Die *Pharisäer* waren fromme Juden, die besonders angesehen waren. Keiner jüdischen Gruppe stand Jesus so nahe wie ihnen im Glauben an die Auferstehung, in der Erwartung des kommenden Reiches Gottes und in der Hochachtung des Liebesgebotes als Mitte der Gebote Gottes (= der Tora). Die Pharisäer wollten Vorbild sein und das ganze Volk zu einem heiligmäßigen Leben führen. Mit manchen Gruppierungen unter ihnen setzte sich Jesus wegen einer übertriebenen Beachtung von Glaubensvorschriften auseinander. Es ist nicht gerecht, »Pharisäer« als Schimpfwort zu gebrauchen.

Die *Sadduzäer*, eine verhältnismäßig kleine Gruppe, waren Juden aus Jerusalem oder aus dem Priesteradel, meist reich und gebildet. Ihr Name leitete sich vom Hohenpriester Zadok ab. Die Sadduzäer beriefen sich nur auf das geschriebene Gesetz und auf die buchstabengetreue Einhaltung der Gesetze. Sie glaubten nicht an eine Auferstehung, weil davon in den ersten Büchern des → Alten Testaments nicht die Rede ist. Um ihre Macht und ihre Interessen erhalten zu können, arbeiteten die Sadduzäer mit den Römern zusammen.

Die *Schriftgelehrten* waren Fachleute für das Gesetz und die Heiligen Schriften und deswegen hoch angesehen. Eine ihrer Aufgaben war auch das Abschreiben und Erforschen der Heiligen Schriften und des Gesetzes. Da das Gesetz das Leben der Juden regelte, hatten die Schriftgelehrten großen Einfluss.

Hilfswerke

Die Hilfswerke der Kirchen haben sich die Aufgabe gestellt, Armut und Not zu bekämpfen und die Bemühungen um eine gerechtere Welt zu unterstützen. Sie werben um einen Ausgleich zwischen armen und reichen Ländern.

In Deutschland werden dazu nicht nur Spenden gesammelt: Die Hilfswerke legen auch viel Wert auf Informationsarbeit. Wir sollen lernen, dass die Menschen in den armen Ländern unsere Partner sind, die unsere → Solidarität verdienen. Die Hilfswerke stellen Informationsmaterial – auch für Kinder und Jugendliche – zur Verfügung. Sie machen auf Anfrage Vorschläge, wie man Aktionen durchführen kann, und stellen den Kontakt zu den Menschen her, denen die Aktion zugute kommen soll. Auf **110▶** könnt ihr etwas über das → Kindermissionswerk erfahren.

Bischöfliche Aktion ADVENIAT
Hilfe der deutschen Katholiken für die Kirche in Lateinamerika
Am Porscheplatz 7, 45127 Essen
Internet: http://www.adveniat.de

Aussätzigen-Hilfswerk
Dominikanerplatz 4
97070 Würzburg
Internet: http://www.dahw.de

Diakonische Arbeitsgemeinschaft Evangelischer Kirchen in Deutschland
Stafflenbergstr. 76,
70184 Stuttgart
Internet: http://www.brot-fuer-die-welt.de

Deutscher Caritas-Verband
Verband der katholischen Wohlfahrtspflege in Deutschland
Karlstr. 40,
79004 Freiburg
Internet: http://www.caritas.de

Kindermissionswerk
Päpstliches Missionswerk der Kinder in Deutschland e.V.
Stephanstr. 35
52064 Aachen
Internet: http://www.kindermissionswerk.de

Misereor
Aktion gegen Hunger und Krankheit in der Welt
Mozartstr. 9,
52064 Aachen
Internet: http://www.misereor.de

Intern. Katholisches Missionswerk
Goethestr. 43,
52064 Aachen und
Pettenkoferstr. 26-28,
80336 München
Internet: http://www.missio.de

RENOVABIS
Solidaritätsaktion der deutschen Katholiken mit den Menschen in Mittel- und Osteuropa
Domberg 27,
85354 Freising
Internet: http://www.renovabis.de

Kanaan

»Das Land, in dem Milch und Honig fließen« – so wird Kanaan im Alten Testament genannt. Es ist das Land, das Gott Abraham und seinen Nachkommen versprochen hat. Doch dieses Land war bereits bewohnt. Die Bibel nennt Kanaaniter, Hetiter, Amoriter, Perisiter, Hiwiter und Jebusiter – Völker, die in diesem Gebiet zu Hause waren. Die Nachkommen Abrahams wurden von diesen Völkern beeinflusst. So verehrten sie auch immer wieder Götter der anderen Völker, besonders → Baal.

Kaplan

Er ist in einer Pfarrgemeinde als Priester tätig, leitet aber die Pfarrei nicht. Zu seinen Aufgaben gehört es, mit der Gemeinde die Gottesdienste zu feiern, die Sakramente zu spenden und für die Sorgen der Menschen ein offenes Ohr zu haben. Da er meist noch jung ist, kümmert er sich häufig um die Arbeit mit den jungen Gemeindemitgliedern.

Karfreitag

In dem Wort steckt das alte deutsche Wort *kare*, das Trauer oder Klage bedeutet.

Der Karfreitag ist in den christlichen Kirchen dem Gedächtnis der Kreuzigung Jesu gewidmet und ist für katholische Christen ein Fast- und Abstinenztag. Am Karfreitag wird in den Kirchen keine Eucharistie gefeiert. Die Leidensgeschichte Jesu wird gelesen und das Kreuz verehrt.

Kathedrale

So nennt man die Kirche eines Bischofs. Der Name stammt aus

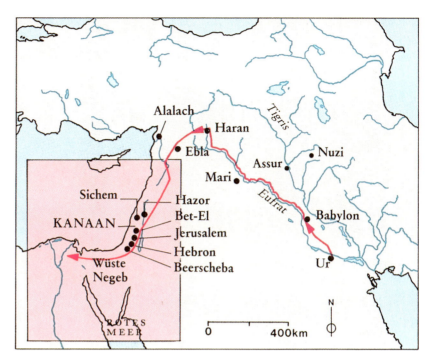

Landkarte von → Kanaan.

Frankreich und ist in der Zeit der Gotik entstanden. Das Wort Kathedrale hat mit einer wichtigen Tätigkeit des Bischofs zu tun: Der Bischof muss manchmal auch entscheiden, was richtig oder falsch ist in Fragen, die mit dem Glauben zu tun haben. Manchmal muss er auch etwas erklären oder den Menschen »ins Gewissen reden«. Dies nennt man dann: Der Bischof lehrt. Das Wort *cathedra* kommt aus der griechischen und lateinischen Sprache und heißt Sessel. Damit meint man den Stuhl des Bischofs in der Bischofskirche, von dem aus er seine Lehre verkündet, und von daher leitet sich der Name Kathedrale für die Bischofskirche ab.

Kinderarbeit

Das Problem der Kinderarbeit hat zwei Gesichter.

In vielen Ländern gibt es Kinder, die nicht zur Schule gehen. Alles, was sie für ihr Leben wissen müssen, lernen sie von ihren Eltern. Schon sehr früh bekommen sie verantwortungsvolle Aufgaben:

Jungen hüten alleine die Ziegen oder Schafe, helfen beim Hausbau und auf den Feldern. Mädchen sorgen selbstständig für ihre jüngeren Geschwister. Sie waschen, holen – oft von weither – Wasser, suchen Brennholz, kochen Mahlzeiten und vieles mehr.

Viele Kinder müssen Geld verdienen, weil ihre Eltern arbeitslos oder krank sind.

Es gibt Kinder, die 10 bis 12 Stunden täglich arbeiten: als Straßenverkäufer, Schuhputzer, Fabrikarbeiter/in, Lastenträger, Bergarbeiter, Erntehelfer/in oder Teppichknüpfer/in.

Schon kleine Mädchen arbeiten als Haushaltshilfe oder Kindermädchen. Viele dieser Arbeiten sind zu hart und zu anstrengend für Kinder. ➠

Außenansicht der Kirche Zur Heiligen Dreifaltigkeit in München, 1964 geweiht. Im Torturm hängen die Glocken; das Dach ist gefaltet wie ein Zelt.

Blick in den Gottesdiensraum: Zwölf Rundstützen tragen das kuppelartige Faltdach, Abbild des Zeltes Gottes unter den Menschen (→ Moderner Kirchenbau).

Außerdem erhalten sie weniger Lohn als Erwachsene, obwohl sie die gleiche Arbeit leisten. Man schätzt, dass etwa 200 Millionen Kinder unter 15 Jahren auf der Welt auf diese Weise ausgebeutet werden. Kirchliche → Hilfswerke setzen sich für diese Kinder ein. Sie informieren, sammeln Spendengeld und unterstützen Projekte.

Kindermissionswerk

Vor über 150 Jahren gründete ein Mädchen namens Auguste von Satorius ein Hilfswerk von Kindern für Kinder.

Mit Erlösen z.B. von Schulbazaren, Kindergartenfesten, aber auch mit den Spenden vieler Kinder vom eigenen Taschengeld werden anderswo in der Welt Kinder in Not unterstützt. 3000 bis 4000 Projekte werden so Jahr für Jahr unterstützt. Den größten Teil des Geldes tragen die Kinder und Jugendlichen der Sternsingeraktion bei. Das Geld, das sie sammeln, behalten sie nicht für sich: So kommen viele Millionen pro Jahr für Kinder in aller Welt zusammen.

Anschrift: ◄108

Kirche

Das Wort Kirche stammt aus der griechischen Sprache (*kyrios* = der Herr) und heißt übersetzt Haus des Herrn. In diesem Haus versammeln sich alle Menschen, die zu Jesus Christus gehören. Zunächst geschah dies in den Wohnhäusern der ersten Christinnen und Christen.

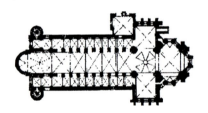

Als die Zahl der Christen immer mehr zunahm, errichtete man große Gebäude, die wie eine Halle wirkten.

Später entstanden noch andere Baustile, so dass sich die Kirchen der verschiedenen Jahrhunderte deutlich voneinander unterscheiden (→ Romanik, → Gotik, → Barock, → Moderner Kirchenbau).

Zwei Merkmale kannst du bei vielen älteren Kirchen finden: Die Kirchen sind nach Osten ausgerichtet, dem Licht der Morgensonne entgegen, weil Christus das Licht der Welt ist. Die Kirchen haben, von oben gesehen, die Form eines Kreuzes. Dies kannst du am besten erkennen, wenn du die Grundrisse anschaust.

Kirchenpfleger/in

Gemeinsam mit dem → Pfarrer und gewählten Vertreterinnen und Vertretern, der Kirchenverwaltung, überlegt ein Kirchenpfleger, wie man mit dem Geld sinnvoll umgehen kann, das eine Gemeinde jedes Jahr bekommt. Was muss angeschafft werden, wo sind Reparaturen notwendig, wie teuer darf es werden? Und wenn das Geld nicht ausreicht, dann kann sich die Pfarrei Geld von einer Bank leihen. Der Kirchenpfleger muss dann dafür sorgen, dass die Schulden zurückgezahlt werden. Wenn dies nicht möglich ist, muss er selber für diese Schulden aufkommen.

Lektor/in

Sie lesen in Gottesdiensten aus der Bibel vor. Es ist ein freiwilliger Dienst, der von Mitgliedern aus der

Pfarrei ausgeübt wird (lateinisch *lector* = Leser). Dieser Dienst zeigt: Im Gottesdienst können viele Menschen mitwirken.

Messias

Das Wort *Messias* kommt aus der hebräischen Sprache und heißt übersetzt Gesalbter, griechisch *christos*. Gesalbte waren im Alten Testament Könige und Hohepriester. Durch die Salbung wurde auf die besondere Beziehung zu Gott hingewiesen. Im Alten Testament ist häufig vom Messias die Rede. Mit ihm verbinden die Menschen die Hoffnung, dass Gott zum Wohl seines Volkes in die Welt eingreifen und sein Reich aufrichten wird. Zur Zeit Jesu gab es unterschiedliche Vorstellungen, wie der Messias bei seinem Kommen auftreten wird. Nach christlicher Überzeugung ist Jesus der von Gott gesandte Messias, mit dem eine neue Zeit, das Reich Gottes, offenbar wird.

Mitarbeiter/in in der Gemeinde

Neben dem Pfarrer und Kaplan gibt es weitere hauptamtliche Mitarbeiter/innen in der Gemeinde.

Gemeindereferentinnen und -referenten unterstützen den Pfarrer bei seiner Arbeit in der Gemeinde, übernehmen eigene Aufgabengebiete, zum Beispiel Jugendarbeit, und erteilen Religionsunterricht.

Pastoralreferentinnen und -referenten haben fast die gleiche Ausbildung wie ein Priester. Sie übernehmen Aufgaben, die über den Bereich der Pfarrgemeinde hinausgehen, helfen aber auch in der Pfarrgemeinde und erteilen Religionsunterricht.

Moderner Kirchenbau

Moderne Kirchen können keinem bestimmten Baustil mehr zugeordnet werden. Mit neuen Baumaterialien werden große Räume geschaffen. Der → Altar steht oft in der Mitte der Kirche. Die Gemeinde versammelt sich zum Gottesdienst um ihn herum, ähnlich wie die Jünger, die sich mit Jesus beim Abendmahl um einen Tisch versammelten und mit ihm feierten. Eine Außen- und eine Innenansicht findest du ◄110.

Moloch

Moloch kommt von *Melech* (hebräisch: König) und ist ein Ehrentitel für Baal.

Dem Moloch opferte man jedes erstgeborene Tier. Im Tal von Hinnom, südlich von Jerusalem, befand sich eine Kultstätte namens Tofet. Hier wurden Brandopfer dargebracht. Ob dabei auch Kinder geopfert wurden, ist umstritten. Das Wort Moloch wird heute sinnbildlich für alles verwendet, was Menschen bedroht und »verschlingt«.

Name

Wie wir heißen, wie wir gerufen werden, das prägt sich tief in uns ein. Unser Name zeigt, dass wir einzigartig und wertvoll sind und Würde haben. Gefangene werden zum Beispiel besonders gedemütigt und entwürdigt, wenn man ihren Namen auslöscht und ihnen nur noch eine Nummer gibt. *»Ich habe dich bei deinem Namen gerufen. Du bist mein.«* (Jes 43,1)

Dieser Satz des Propheten Jesaja betont, wie gut uns Gott kennt und wie wichtig er jede Einzelne und jeden Einzelnen von uns nimmt.

In früheren Zeiten genügte ein Name. Um nicht verwechselt zu werden, setzte man manchmal noch den Namen des Vaters dazu. Den erblichen Familiennamen gibt es in Deutschland erst seit dem 13. Jahrhundert.

Den Familiennamen besitzt man also schon, wenn man geboren wird, den Vornamen wählen die Eltern aus. An beide Namen ist jeder Mensch auf Lebenszeit gebunden. Nur auf einem rechtlichen Weg, zum Beispiel durch eine Heirat oder eine Adoption, kann der Familienname gewechselt werden.

Orgel

Eine Orgel besteht aus vielen Pfeifen, die ähnlich wie Flöten wirken, aber ohne Grifflöcher. Die Klänge der Orgel werden also nicht gesungen, sondern »gepfiffen«: Wird

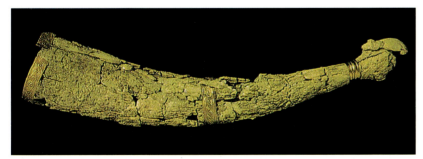

Salbhorn aus Meggido. Aus einem Elefantenzahn gefertigt, mit Goldbändern geschmückt. Das breite Ende war verschlossen, das spitze hatte ein Loch. Hielt man die Spitze nach unten, konnte das Öl für die Salbung herauströpfeln (→ Messias).

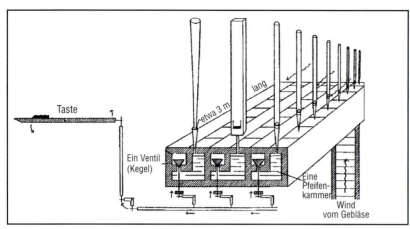

Schemazeichnung: So funktioniert eine → Orgel.

in die Pfeifen der Orgel Luft geblasen, so ertönen sie. Je nach Größe und Material (Holz oder Metall) klingen diese Pfeifen verschieden: hoch, tief, laut, leise, hell, dunkel.

Wie kommt ein Ton zustande? Mit einem Gebläse (früher musste ein Blasebalg getreten werden) wird Luft in die Windlade gedrückt. Auf der Windlade stehen die Orgelpfeifen. Damit aber nicht sämtliche Pfeifen gleichzeitig ertönen, ist der Zugang der Luft zu den Pfeifen durch ein Ventil abgesperrt. Diese Ventile stehen mit den Tasten der Manuale (lateinisch *manus* = die Hand) oder der Pedale (lateinisch *pedes* = die Füße) in Verbindung. Drückt man beim Orgeln eine Taste nieder, so öffnet sich das Ventil, die Luft strömt in die Pfeife und sie erklingt.

Auf der Zeichnung oben kannst du drei verschiedene Formen von Pfeifen erkennen. Jede Reihe fängt mit einer großen und deshalb tief klingenden Pfeife an und hört mit einer kleinen, hoch klingenden Pfeife auf. Jede Pfeifenreihe hat ihre besondere Klangfarbe, zum Beispiel Flöte oder Trompete. Eine solche Pfeifenreihe nennt man Register. Jedes Register hat für jede Taste am Manual oder Pedal eine Pfeife. Ein Pedal hat meistens 30 Tasten, ein Manual hat meistens 58 Tasten.

Ostern

Ostern ist das älteste und wichtigste Fest der Christen und wird schon seit der Zeit der frühen Kirche gefeiert. Das christliche Osterfest steht in enger Verbindung mit dem jüdischen → Paschafest. Im Jahr 325 n.Chr. hat die Kirche beschlossen: Ostern wird alljährlich am Sonntag nach dem ersten Frühlingsvollmond gefeiert. Darum ändert sich das Datum des Osterfestes jedes Jahr.

Woher der Name Ostern kommt, ist nicht geklärt. Vielleicht geht er zurück auf eine germanische Frühlingsgöttin *Ostara*. In der altenglischen Sprache ist sie als *Eostrae* bekannt, und darin verbirgt sich das griechische Wort *eos* (= Morgenröte): So wie die Morgenröte das Dunkel der Nacht ablöst, so vertreibt die Auferstehung Christi die Dunkelheit in den Herzen der Menschen.

In vielen Ländern Europas weist die Bezeichnung des Festes auf seinen jüdischen Ursprung hin, nämlich auf das Paschafest. So heißt das Osterfest in Italien *Pasqua*.

Palästina

Palästina wird in der Bibel die südöstliche Küstenlandschaft des Mittelmeeres genannt. Das Gebiet gehört teilweise zum heutigen Land Israel.

Der Name Palästina stammt wohl von der Bezeichnung »Philisterland«. Die Philister werden im → Alten Testament auch »Seevölker« genannt, weil sie von den Inseln des östlichen Mittelmeeres her eingewandert sind. Sie besiedelten vor allem das Küstengebiet am südöstlichen Mittelmeer und wohnten hauptsächlich in Städten. Ihre Herrschaft war zeitweise so ausgeprägt, dass dieses Stück Land ihren Namen erhielt.

Palmsonntag

Palmsonntag wird der Sonntag vor → Ostern genannt. Mit ihm beginnt die Karwoche (→ Karfreitag).

Der Palmsonntag hat seinen Namen von der Palmprozession. Mit ihr feiern Christen schon seit alter Zeit den Einzug von Jesus in Jerusalem, wie in den Evangelien berichtet wird (z.B. Mk 11,7-11). Sie tragen dabei Palmzweige, Zeichen des Friedens und des Sieges. Da bei uns keine Palmen wachsen, werden sie durch Weidenzweige ersetzt. In katholischen Gemeinden binden Christen die Weidenzweige (auch Palmkätzchen genannt) mit anderen Zweigen zu einem Palmbuschen zusammen. In manchen Gegenden werden diese Palmbuschen auch mit bunten Bändern und gefärbten Eiern geschmückt.

Paschafest

Das Paschafest (sprich: Pas-cha) ist ein wichtiges jüdisches Fest, das im Frühjahr gefeiert wird. Dankbar erinnert man sich daran, dass die Israeliten vor langer Zeit aus der Unterdrückung in Ägypten, wo sie als Sklaven arbeiten mussten, befreit wurden.

Im Mittelpunkt des ersten Festtages steht ein feierliches Essen in der Familie mit genau festgelegten Speisen und der Erzählung von der Befreiung. Anschließend werden Lieder gesungen, deren Refrain alle mitsingen.

Das Paschafest hat Ähnlichkeit mit dem christlichen Osterfest; denn Christen feiern an → Ostern ihre Erlösung durch Jesus Christus.

Passion

Das Wort *Passion* kommt aus der lateinischen Sprache und bedeutet Leiden. Aus den Passionserzählungen erfahren wir vom Leidensweg Jesu, beginnend mit der Gefangennahme bis zur Kreuzigung und zum Begräbnis. Die Passionserzählungen sind wohl die ältesten zusammenhängenden Erzählstücke in den Evangelien. Mit ihnen bekennen die Christen, dass Jesus, der gekreuzigt wurde, der von Gott verheißene Messias war. Die Passionserzählungen enden deshalb nicht mit dem Tod Jesu, sondern mit der Osterbotschaft: Dieser Jesus ist von den Toten auferstanden.

Pastoralreferent/in

→ Mitarbeiter/in der Gemeinde

Pfarrer

Das Wort Pfarrer stammt aus der mittelhochdeutschen Sprache, die bereits vor tausend Jahren verwendet wurde: Der Pfarrer ist einer, der im Auftrag des Bischofs für ein bestimmtes Gebiet zuständig ist, für eine Pfarre. Heute spricht man lieber von Pfarrei oder Pfarrgemeinde.

Pfingsten

Das Wort kommt aus der griechischen Sprache (*pentecoste*) und bedeutet übersetzt fünfzigster Tag. Die Kirche feiert Pfingsten am fünfzigsten Tag nach Ostern als Fest des Heiligen Geistes. Das Fest erinnert an die Ausgießung des Heiligen Geistes, von der im zweiten Kapitel der Apostelgeschichte berichtet wird. Betrachte den Farbholzschnitt: Mit welchen Farben und Formen hat der Künstler, Thomas Zacharias, das Pfingstereignis dargestellt? →

Thomas Zacharias, Aussendung des Geistes, ca. 1964

Das jüdische Pfingsten (*schawuot*) feiert das Geschenk der Tora, des Wortes Gottes als Quelle des Lebens. Nach jüdischer Überlieferung stieg Moses am fünfzigsten Tag nach dem Auszug aus Ägypten zum Zeltlager Israels hinab und überbrachte die Zehn Gebote (Ex 19 und 20). In alter Zeit feierte Israel das Pfingstfest als Dankfest für die Weizenernte. Vom Erstschnitt des Weizens wurden Brote gebacken und im Tempel von Jerusalem dargebracht.

Priester

Er ist Mitarbeiter des Bischofs. Zu den Aufgaben eines Priesters gehört es, die Frohe Botschaft zu verkünden, mit der Gemeinde Gottesdienst zu feiern und die Sakramente zu spenden, für die Sorgen der Menschen stets ein offenes Ohr zu haben und tatkräftig zu helfen. In einem feierlichen Gottesdienst wird er vom Bischof durch Handauflegung und Gebet zum Priester geweiht: Nach dieser Weihe ist ein Priester zunächst als → Kaplan in einer Pfarrgemeinde tätig, später dann meist als → Pfarrer.

St. Michael in Altenstadt bei Schongau (→ Romanik).

Der → Priester und die Gemeinde feiern → Eucharistie.

Romanik

In romanischen Kirchen sind die Mauern dick, aber nicht so hoch wie in der → Gotik. Fenster und Türen sind klein, so dass nur wenig Licht in das Innere fällt. Der obere Rand der Fenster und Türen ist rund. Die mächtigen Wände tragen das schwere Dach. Es gibt nicht so üppige Verzierungen und Bilder wie im → Barock.

Die Kirchen der Romanik, die vor mehr als tausend Jahren gebaut worden sind (9. bis 12. Jahrhundert), sehen heute noch so aus, als könnte ihnen niemand so leicht etwas anhaben. Wer eine solche romanische Kirche besucht, hat den Eindruck, hier gut geschützt zu sein. Der Bau der Kirche drückt den Glauben der Menschen aus: Gott ist wie eine starke, schützende Burg.

Solidarität

Es gibt kein deutsches Wort für Solidarität. Menschen, die solidarisch sind, halten zusammen, nehmen Anteil am Leben und Schicksal des anderen. Wenn Unrecht geschieht, wenn Menschen in eine Notlage geraten, helfen sie ihnen. Solidarität ist also ein Gefühl der Verbundenheit, zu dem auch das »Tun« gehört. Solidarität gibt es zwischen Freunden, aber auch weltweit, zwischen Menschen, die sich gar nicht kennen. Schau dir in diesem Zusammenhang die beiden Fotos rechts an!

Stundenbuch

Im Stundenbuch sind alle Gebete aufgeschrieben, die zu festen Stunden des Tages gebetet werden: Die Laudes ist das Morgenlob, die Terz (= drei), Sext (= sechs) und Non (= neun) sind Gebete über den Tag verteilt, die Vesper ist das Abendlob, die Komplet das Nachtgebet und die Matutin ist das Gebet um Mitternacht.

Diese feste Form des Betens geht auf die Klöster zurück. Dort werden die Gebete gemeinsam gebetet oder gesungen. Daher nennt man die Stundengebete auch Chorgebete.

Auch die → Priester, Diakone und manche Gemeindemitglieder halten sich täglich an diese Gebetszeiten.

Synagoge

Die Synagoge ist der gottesdienstliche Versammlungsort und das religiöse Zentrum einer jüdischen Gemeinde. Zur Einrichtung der Synagoge gehört der erhöhte Platz für das Vorlesepult und der Toraschrein mit den Schriftrollen.

Der Synagogen-Gottesdienst besteht aus Bekenntnis, Gebet, Schriftlesung, Auslegung der Schrift und Segen. Die Gebetsrichtung ist Jerusalem. ➡

Im Ausstellungsraum von Missio München: Hier werden interessante Aktionen für Schulklassen angeboten (→ Solidarität).

Blick in die Augsburger → Synagoge von der hinteren Empore aus nach Osten.

Der Synagogenvorsteher leitet den Gottesdienst, bestimmt Vorleser oder Sprecher und sorgt für Ordnung.

Altes und Neues Testament

Altes und Neues Testament sind für die Christen die zwei großen Teile der Bibel. Dieses Wort kommt aus der griechischen Sprache und bedeutet übersetzt soviel wie »Buch der Bücher«. Damit soll gesagt werden, dass es das wichtigste Buch ist, das es für Christen geben kann.

Der Name kommt aber vermutlich von einer Stadt in Ägypten, die Byblos hieß. Hier wurde in alter Zeit ein reger Handel mit dem Papyrus getrieben, dem Schreibpapier, wie es vor vielen Jahrhunderten verwendet wurde. Das Wort Testament bedeutet nicht nur den letzten Willen eines Menschen, der gestorben ist. In der Einheit von Altem und Neuem Testament ist es *die* Urkunde für die Verbindung und den Bund zwischen Gott und den Menschen.

Im Alten Testament, der Hebräischen Bibel, finden wir viele Bücher:
– die Tora, das sind die fünf Bücher Mose,
– Bücher, die von der Geschichte des Gottesvolkes erzählen,
– prophetische Bücher,
– Psalmen und andere, die du im Inhaltsverzeichnis der Bibel findest.

In all diesen Büchern geht es um die Verkündigung Gottes, der den Bund mit seinem Volk geschlossen hat und sich auch um jede/n Einzelne/n kümmert, für sie und ihn da ist.

Das Neue Testament ist in Verbindung mit dem Alten Testament die Heilige Schrift der Christenheit. Das Neue Testament wurde in griechischer Sprache verfasst. Seine Inhalte sind Leben und Wirken, Worte und Taten, Tod und Auferstehung Jesu sowie die Verkündigung der frühen Christen. Auch das Neue Testament enthält viele »Bücher«: Die vier Evangelien, die Apostelgeschichte, viele Briefe und die Offenbarung des Johannes.

Wallfahrt und Wallfahrtsorte

Wallfahrten gibt es schon seit mehr als 3000 Jahren und in allen Religionen.

Das Ziel einer Wallfahrt ist ein Ort, an dem Menschen die Nähe Gottes auf besondere Weise erfahren haben.

Der Tempel in Jerusalem war der bedeutendste Wallfahrtsort für die Juden des frühen Israel: Jeder fromme Jude zog dreimal im Jahr zum Tempelberg in Jerusalem. Wer einen sehr weiten Weg hatte, kam einmal im Jahr zum Paschafest. Aber auch für die Christen blieb die »heilige Stadt« Jerusalem mehr als tausend Jahre lang das wichtigste Ziel ihrer Pilgerreisen. Später wurden Rom und eine Stadt in Spanien, Santiago de Compostela, viel besuchte Wallfahrtsziele.

Im Mittelalter haben sich Tausende von Menschen oft auf einen langen Weg zu solchen Wallfahrtsstätten gemacht und dabei enorme Strapazen auf sich genommen. Viele sind zu Fuß gegangen, aber auch, wenn sie ein Pferd hatten, waren sie viele Wochen unterwegs.

Menschen, die an solchen Orten irgendeine Hilfe für ihr Leben erfahren haben, spenden häufig Dankesbilder (Votivtafeln).

Weltmissionssonntag

Seit 1926 feiern die Pfarrgemeinden am vorletzten Sonntag im Oktober den Sonntag der Weltmission. An diesem Tag geht es besonders um die Glaubensschwestern und -brüder in den ärmeren Teilen der Welt. Die Sammlung in den Gottesdiensten an diesem Tag geht an das → Hilfswerk Missio.

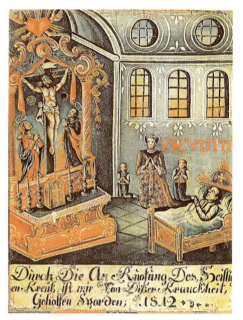

Auf dieser so genannten Votivtafel von 1812 wird für das Ende einer Krankheit gedankt. Votivtafeln findest du oft in Wallfahrtskirchen (→ Wallfahrt).

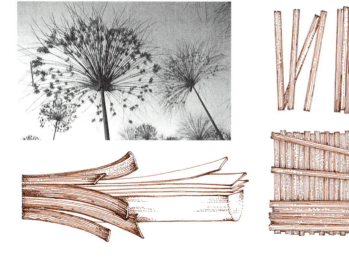
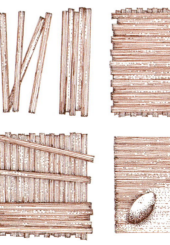

Das Mark der Papyruspflanze wird in mehreren Arbeitsschritten zu Papier und dieses zu Buchrollen verarbeitet (→ Altes und Neues Testament).

Biblische Zitate

Altes Testament

Gen 1,14	50
Gen 12,1	22 f., 26 f.
Gen 18,1-8	30
Gen 22,2	32
Gen 22,17	26 f.
Ex 20,8-10	61
1 Chr 16,31	73
Ps 9,10	73
Ps 19,2	73
Ps 23	29
Ps 61,4	73
Ps 70,6	100
Ps 78,69	73
Ps 84,6-8	46
Ps 96,6	73
Ps 139,13-16	12
Jes 43,1	111
Jer 32,35	34

Neues Testament

Mt 2,1-12	106
Mt 5,38-39	20
Mt 6,7-8	52
Mt 9,9-13	62
Mt 20,28	107
Mt 21,12-17	62
Mt 25,35-40	96
Mk 1,16-20	62
Mk 11, 7-11	112
Lk 2,29-32	105
Lk 4,18	63
Lk 6,41-42	16
Lk 8,1-3	62
Lk 9,18-21	62
Lk 11,9-10	52
Lk 23,44-49	64
Lk 24,13-24	67
Joh 3,30	82
2 Kor 8,12-15	18

Stichwort-Register

Die *kursiven* Ziffern bezeichnen Seiten, auf denen sich Bilder, Fotos oder Cartoons zum Thema befinden.

Abraham   *21*, 22 f., 26 f., *30, 31,* 32, 33 f., 34

Advent   41, *49*

Altar   *80, 81,* 104

Altes Testament   59, *116*

Barock   72 f., *105*

Baustile   *71,* 72 f., *105, 107, 110 f., 114*

Begegnung   *15,* 57, 62 f., 67, *96, 97*

Bräuche   *82, 83*

Eine Welt   *91,* 94 f., *106*

Emmaus   67

Feiern   41, *51,* 61, *80, 81,82 f.,*

Gastfreundschaft   22 f., 32 f.

Gebet   44 f., *46,* 52, *115*

Gemeinschaft   7, *8 f.,* 14, *16 f.,* 38, 52, 73, 94 f.

Gerechtigkeit   98 f.

Gespräch   11, *18 f.,* 106 f.

Glaube   22 f., 26 f., 30, 31, *36,* 62, 67

Glocken   75, *85*

Gotik   *73,* 107

Gottesnamen   41, 45

Hagar   35

Hoffnung   57, *66,* 67, 100

Isaak   30, *31*

Islam   35

Ismael   35

Israel   58, *59*

Jerusalem   58 f.

Jesus Christus   50, *53,* 54, 55, 56 f., 58, 62, *63, 64, 65,* 70, *105, 107, 111*

Judentum   35, 60 f., *105, 107 f.,* 112, *115 f.*

Jugendgruppen   *78 f.*

Kirche   *71,* 72 f., 74 f., 76, *77,* 78 f., *86,* 101-103, 109, *110*

Kirchenfenster   *71,* 75, 76, *77, 84*

Kirchenjahr   *51,* 68 f.

Messe   78, 79, *80,* 81

Moderner Kirchenbau   *71, 110 f.*

Mut   17, 24 f., *28 f.*

Name   10, *12,* 13, 41, 111

Neues Testament   59, *116*

Not   18, *87,* 88 f., 90 f., *93,* 94, 98

Orgel   103, *111 f.*

Ostern   57, 67, 68, *69, 112*

Persönlichkeit   10 f., *12 f., 36*

Pfarrgemeinde   72 f., *75,* 78 f., *86,* 111

Pfingsten   69, *113 f.*

Priester   78 f., *80,* 113, *114*

Römisches Reich   *58*

Romanik   72 f., *114*

Sara   *21,* 30, 32, 33, 34

Solidarität   94 f., *114 f.*

Sternsinger   96, *97*

Stille   *37,* 40, *43, 44*

Streit   *15,* 18, 19, 20, *89*

Synagoge   60, *115 f.*

Tod   *64,* 65, 69

Verheißung   22 f., 26 f.

Vertrauen   28 f., 30

Wallfahrt   46, *117*

Weihnachten   41, *48 f., 51*

Zeit   *38,* 39, 40, *42* f., *43, 47,* 50, *52,* 96

Zuwendung   14, 33, *38, 70,* 92, 95, *97*

Text- und Bildnachweis

Sofern nicht anders vermerkt, sind die biblischen Texte in der Einheitsübersetzung der Heiligen Schrift zitiert. © Katholische Bibelanstalt, Stuttgart. – Alle nicht gekennzeichneten Beiträge des Buches stammen von den Autorinnen und Autoren, der Herausgeberin oder dem Herausgeber und sind als solche urheberrechtlich geschützt. – Die Rechte an den Liedern werden, wenn nicht im Quellennachweis anders vermerkt, von der Verwertungsgesellschaft MUSIK-EDITION, Kassel, wahrgenommen.

7	Egon Schiele, Krumau Häuserbogen (Die kleine Stadt V). In: Wolfgang G. Fischer, E.S., Taschen Verlag, Köln 1994, S. 182
8	Fotos: Chr. Ranzinger – Th. Seidelmann/Mobile, Neckarbischofsheim – Chr. Ranzinger (2)
9	Fotos: Kösel-Archiv (2)
12	Foto: W.H. Freeman, N.Y. – Grafik: Kösel-Archiv – Foto: B. Weyers
13	Vincent Van Gogh, Vincents Schlafzimmer in Arles, 1889, 56,5 x 74 cm, Musée d'Orsay Paris – Foto: Chr. Ranzinger – Das ist Georg. In: Religionsbuch 5. Auer Verlag, Donauwörth 1993, S. 50. – Columbin. In: Peter Bichsel, Amerika gibt es nicht. Peter Bichsel Kindergeschichten. Luchterhand Verlag, Frankfurt 1988
14	Irmela Brender. In: Hans-Joachim Gelberg (Hg.), Menschengeschichten. Beltz Verlag, Weinheim ^{2}1975, S. 115
15	Paul Gauguin, Ringende Kinder © Josefowitz-Sammlung 1998
16	Rudyard Kipling, Quelle unbekannt – Foto: Kösel-Archiv
17	Lied: Rolf Zuckowski. © MUSIK FÜR DICH Rolf Zuckowski OHG, Hamburg
18/19	Foto: Chr. Ranzinger
19	Cartoon: Uli Koch
20	Hans May. In: rhs 36 (1993), S. 32-34 (gekürzt und überarbeitet)
21	Mosaik: Ravenna, San Vitale, Bogenlünette der Nordwand, Die drei Engel bei Abraham. Scala, Rom
22	Fotos: Kösel-Archiv – Toni Zenz: Der Hörende. Bronzeplastik, Friedenskirche in Essen
23	Fotos: P. Santor (Ausschnitt) – Kösel-Archiv (2)
25	Foto: Kösel-Archiv
26/27	Verheißung an Abraham. Miniatur aus der »Wiener Genesis«. Um 570 in Antiochien entstanden. Wien, Österr. Nationalbibliothek (Cod. theol. graec.) 31 pag. 8
28	Fotos: pbp Poss, Siegsdorf – E. Jorde, Wiggensbach – Bavaria, Gauting
29	Fotos: S. Gewecke. In: Annäherung. Haus Hall, Gescher 1994 – Kösel-Archiv – Chr. Ranzinger
30/31	Collage: Chr. Ranzinger
33	Rembrandt van Rijn, Opferung Isaaks, 1635, 195 x 133 cm. Alte Pinakothek München, Foto: Artothek, Peißenberg
35	Kösel-Archiv
36	Wolfgang Baur. In: Bibelwoche. Ökumenisches Arbeitsheft Nr. 29, S. 27. – Cartoon: Ivan Steiger
37	Plastik: H. Bourger, Der Lauscher (1985), Innenhof der Stephanuskirche in Dießen. Foto: Atelier B. Gerz, Nomborn
42	In: Erich Scheurmann, Die Reden des Südsee-Häuptlings Tuiavii aus Tiavea. Tanner und Staehelin Verlag, Zürich 1981 – In: Antoine de Saint-Exupéry, Der Kleine Prinz © 1950 und 1998 Karl Rauch Verlag, Düsseldorf
43	Franz v. Lenbach, Hirtenknabe, 1860. Bayer. Staatsgemäldesammlungen. Schack Galerie, München, Foto: Artothek, Peißenberg – Lied: Text: Gerhard Krombusch, Musik: Ludger Edelkötter. In: IMP 1036: Weil du mich so magst. Impulse-Musikverlag, Drensteinfurt
44	Fotos: Kösel-Archiv (2) – C. Auth – H.-P. Jahrhofer, Essen – Kösel-Archiv – Chr. Ranzinger – C. Auth – GCL, Augsburg
46	Fotos: Erzbischöfliches Jugendamt, München – C. Lueg – Erzbischöfliches Jugendamt, München – M. Bahr
47	Lied: Text und Musik: Gerhard Schöne
48/49	In: Selma Lagerlöf, Die Heilige Nacht. Christuslegenden. Nymphenburger Verlagshandlung, München 1948, S. 7 ff. (gekürzt) – Foto: H. Vogler, Düsseldorf
50	Foto: W. H. Freeman, N.Y.
52	Wolfdietrich Schnurre. In: Der Spatz in der Hand. Langen Müller-Verlag, München 1971 – Cartoon: Jules Stauber – In: Leo Lionni, Frederick © Middelhauve Verlag, München
53	Herbert Falken, Studien zum Turiner Grablinnen. 14.6.74/15.6.74
54	Mündlich überliefert nach Mariannhill, Würzburg. Melodie in: Troubadour für Gott. Hg. vom Kolping-Bildungswerk, Würzburg
63	Rembrandt van Rijn, Der lehrende Christus. Kupferstich, um 1652
64	Alexej Jawlensky, Großer abstrakter Kopf, 1927. Erinnerung an meine kranken Hände, 1934. Il purgatorio, 1934.
65	In Andacht, 1937 © VG Bild-Kunst, Bonn 1998
66	Fotos: L. M. Peter, Berlin – Kösel-Archiv – Chr. Ranzinger (3)
67	Übersetzung: Fridolin Stier © Kösel-Verlag, München
68	Lied: Aus der griechisch-orthodoxen Liturgie
69	Lied: Aus dem Exsultet der Osternacht
70	Text: © Wilhelm Willms – Bild: Plakat der Stiftung des Gymnasiums von Péronne/Frankreich © Chrétiens Médias, Fédération nationale, 10bis bd de la Bastille, 75012 Paris, Tél. 01-49285730

71	St. Hildegard in München-Pasing, 1965. Foto: E. Gnand, München
72	Fotos: o.l.: Speinshart, Prämonstratenserstiftskirche, Stuhlwangen um 1714 (Ausschnitt). In: Das Bistum Regensburg, Bd. 2. Echo Buchverlag, Kehl 1992 – o.r.: D.-B. Steinicke, Willich/Eifel – Pfr. A. Meisburger, Pfronten
72/73	Foto: IWZ Gragnato, Stuttgart
73	Fotos: A. Boeckmann, Regensburg
74	Marie Hildeberte Schneider/Willi Stengelin, Glaube wird sichtbar und hörbar, hg. v. Schulreferat der Erzdiözese München und Freising, München 1995, Folienbild Nr. 6
75	Grafik: David Macaulay, Sie bauten eine Kathedrale. © Artemis & Winkler Verlag, Düsseldorf/Zürich, o.S.
76	Kreuzbergkirche Pleystein, Ostansicht. In: Siegfried Poblotzki, Pleystein, sein Kreuzberg und die Stadtpfarrkirche. Verlag Hannes Oefele, Ehingen, 4. verb. Aufl. 1990
77	Florian Lechner, Durchstrahlung. St. Elisabeth in München, 1996, 60 x 62 cm
78	Fotos: Bruderhilfe-Journal 1/1997, S. 8 – Chr. Ranzinger – Collage in: Wege ins Leben. Unterrichtswerk für den evangelischen Religionsunterricht im 7. Schuljahr an Hauptschulen. Verlag Moritz Diesterweg, Frankfurt/Berlin/München 1986 (leicht bearbeitet)
79	Fotos: A. Meßmer, München – Kolpingjugend, Diözesanverband München und Freising – U. von Wurmb-Seibel, Eichenau – A. Radtke, Unterschleißheim
80	Foto: A. Meßmer, München
81	Foto: H. Vogler, Düsseldorf – Lied: Peter Janssens Musikverlag, Telgte
82	Fotos: Kajo Bierl, Freising – W. Thierfelder, Höchberg
83	Fotos: U. Hausleiter, Zell/Schäftlarn – A. Meßmer, München
84	Fotos: Katalog der Franz Mayer'schen Hofkunstanstalt, München 1994 – Text: Theophilus Presbyter, Schedula diversarum artium, I. Band, Wien 1874, S. 122
85	Foto und Grafik: Glockengießerei Rudolf Perner, Passau – Textgrafik »her Got hilf«: Inschrift der ältesten erhaltenen Glocke des Zwiefaltener Münsters aus dem 14. Jh. Heute in der Nikolaus-Kapelle in Bechingen bei Riedlingen
86	Josef Reding, Vater macht den Flattermann. dtv, München 1984, 91 f. – Fotos von St. Michael in München: M. Bahr – St. Barbara-Kirche: Kreuter Foto-Kalender 1992, Braunschweig – Zitat: Harry Rand, Hundertwasser, Benedikt Taschen Verlag, Köln 1993, S. 91 – Grafik: A. Neuwald. In: Image Pfarrbrief-Materialdienst, Bergmoser & Höller Verlag, Aachen
87	Otto Dix, Arbeiterjunge, 1920 © VG Bild-Kunst, Bonn 1998
92	Marieluise Bernhard-von Luttitz, Bumfidel 3, rotfuchs 131, Rowohlt Verlag
93	Erich Fried. In: Zwischen Tür und Amsel. Otto Maier Verlag, Ravensburg 1990 – Ferdinand Hodler, Die enttäuschten Seelen, 1891/92, 120 x 229 cm, Kunstmuseum Bern (Ausschnitt)
94	Foto: H. Held, München
95	Foto: Chr. Ranzinger
96	Lied: Impulse Musikverlag, Drensteinfurt
97	Fotos: Pfarrei Herz Jesu, Wolgast – Pfarrei St. Maximilian, Augsburg. In: Sternsinger-Mission, H.1, 3. Quartal 1993 – Sprechblasentexte: Kindermissionswerk / Die Sternsinger
98	Foto: KNA-Bild, Frankfurt/M.
99	Grafik: Wir sagen euch an: Advent 1991. Hg. v. Seelsorgeamt Bistum Essen
100	Lied: Text: Alois Albrecht. Musik: Ludger Edelkötter. Impulse Musikverlag, Drensteinfurt
101	Fotos: S. Held, Regensburg
102	Foto: Chr. Ranzinger
103	Foto: Chr. Ranzinger
104	Foto: Innenraum der Wieskirche, W. Kienberger, Lechbruck
105	Darstellung im Tempel, Rheinische Schule um 1340, Cliche Musées Nationaux, Paris. Kösel-Archiv
107	Foto: St. Peter in Regensburg, W. Spitta, Mariaposching-Loham – Fußwaschung, aus dem 12. Jh.: St. Martins-Kirche in Zillis, Schweiz. Foto: Sonia Halliday Photographs. Kösel-Archiv
109	Karte: Ivo Meyer, Faszinierende Welt der Bibel. Verlag Herder, Freiburg, S. 21
110	Fotos: Zur Heiligen Dreifaltigkeit. Kath. Institutskirche der Englischen Fräulein in München. Kösel-Archiv (2) – Grafik: Grundriss Mainzer Dom, in: Yves Christe u.a., Formen und Stile. Christentum. Taschen Verlag, Köln 1994, S. 295 (Nr. 140)
111	Salbhorn aus Meggido. Israel Department of Antiquities and Museums. Kösel-Archiv
112	Grafik: © Bärenreiter Verlag, Kassel
113	Thomas Zacharias, Aussendung des Geistes. In: Günter Lange, Bilder des Glaubens. 24 Farbholzschnitte zur Bibel von Thomas Zacharias, Kösel-Verlag, München 1978, Bild 21
114	Fotos: A. Meßmer, München (Detail von S. 80) – Kösel-Archiv
115	Fotos: Chr. Ranzinger (2)
116	Foto: Foto-Studio Müller, Augsburg
117	Fotos: Kösel-Archiv – Marshall Editions Limited, London